ÉTUDES
SUR LE
THÉATRE CONTEMPORAIN

PAR

F. LEFRANC

La Critique nouvelle.
Victor Hugo et M. Renan.
Un nouveau critique de l'École des femmes.
La poésie au théâtre — Le Monologue.
Le Théâtre en liberté.
M. Leconte de Lisle, poète dramatique.
Un critique d'autrefois.
M. Halévy à l'Académie.
L'Abbesse de Jouarre. — Lettre des Champs-Élysées.
Le Drame populaire et le Naturalisme.
Le Départ de M. Coquelin.

PARIS

A. DUPRET, ÉDITEUR

3, RUE DE MÉDICIS, 3

—

1887

ÉTUDES

sur le

THÉATRE CONTEMPORAIN

IMPRIMERIE ÉMILE COLIN, A SAINT-GERMAIN.

ÉTUDES
SUR LE
THÉATRE CONTEMPORAIN

PAR

F. LEFRANC

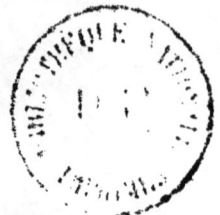

La Critique nouvelle.
Victor Hugo et M. Renan.
Un nouveau critique de l'École des femmes.
La poésie au théâtre. — Le Monologue.
Le Théâtre en liberté.
M. Leconte de Lisle, poète dramatique.
Un critique d'autrefois.
M. Halévy à l'Académie.
L'Abbesse de Jouarre. — Lettre des Champs-Élysées.
Le Drame populaire et le Naturalisme.
Le Départ de M. Coquelin.

PARIS

A. DUPRET, ÉDITEUR

3, RUE DE MÉDICIS, 3

—

1887

Extrait de la *Revue d'Art dramatique.*

PRÉFACE

On trouvera, dans ce livre, moins d'éloges que de critiques; c'est, sans doute, la faute de mon sujet. J'ai parlé librement de quelques-unes des œuvres de ce temps-ci. Il m'est arrivé de blâmer des choses qu'on admire. On remarquera que j'ai toujours essayé de faire la part du bon et celle du mauvais. Les plus forts ont leurs défaillances et la critique leur doit toute la vérité. Il me semble que je n'ai pas manqué à ce devoir.

ÉTUDES
SUR LE
THÉATRE CONTEMPORAIN

LA CRITIQUE NOUVELLE

La critique théâtrale, comme la poésie dramatique, est entrée dans son âge de fer. Ce n'est pas, certes, que le talent manque aux héritiers de Geoffroy et de Janin ; je ne crois pas qu'on ait jamais mis dans le feuilleton plus de science du théâtre et plus de jugement solide que certains de nos contemporains ; il serait aisé, aussi, d'en nommer d'autres qui ne le cèdent à leurs devanciers ni en esprit, ni en bonne grâce. Malgré tout, l'influence des *Lundistes* a baissé ; s'ils gardent encore toute leur autorité auprès des connais-

seurs, le gros du public ne voit plus guère par
leurs yeux. Le feuilleton dramatique est un morceau trop lourd pour son appétit littéraire ; il lui faut l'information rapide qu'on parcourt d'un coup d'œil. Il a besoin de tout savoir au plus vite, et si l'on n'y met ordre, le laconisme télégraphique sera la seule littérature de nos petits-neveux. Le public est un maître exigeant qu'il faut servir à sa guise ; il ne s'informe pas s'il met à la torture le corps et l'âme des lettrés ; il a tous les caprices du peuple souverain, ou plutôt c'est un enfant volontaire, et il en a les fantaisies.

Et vraiment la nouvelle critique le gâte ; elle s'exténue à son service ; elle lui sert l'information qu'il réclame, et par surcroît l'esprit dont il se targue d'avoir cure, car c'est un public français. Cette critique, elle est née à son appel, et elle a pris tout de suite une telle place au soleil qu'elle a relégué le feuilleton un peu dans l'ombre. Quand le Lundiste vient dire son mot, la pièce est le plus souvent ou si haut ou si bas qu'elle ne saurait plus ni tomber ni se relever. Cette confiance que le public accorde à la critique nouvelle, il la lui fait payer bien cher. Si les temps sont durs pour le feuilleton, on peut dire que les nouveaux critiques sont nés en plein âge de fer. Voilà des hommes qui tous, ou presque tous, sont des lettrés et des délicats ; ils ont lu de bons livres et ils auraient plaisir, quand ils écrivent, à faire reluire leurs mots, à cadencer ou à aiguiser leurs phrases ; ils sont condamnés à une perpétuelle improvisation. Au théâtre ils prennent des notes rapides sur la pièce et sur ses interprètes, et quand ils en sortent, les yeux brûlés par le gaz, les oreilles pleines du bruit des applaudissements toujours prompts à partir mal à propos, il leur faut mettre en ordre leurs souvenirs, démêler d'inextricables ficelles et accommoder un article qui soit présentable. La pièce ne vaut rien, c'est vrai ; mais le compte rendu doit être amusant ; l'auteur n'a pas un mot qui fasse rire, le critique aura de l'esprit pour lui ; s'il s'agit d'un drame sans action ou d'une comédie sans intrigue et sans caractères, il devra s'épuiser à y voir quelque chose ; et il lui faut voir vite, car le journal n'attend pas. Paris veut savoir, à son réveil, quel a été le succès du drame qui s'est dénoué vers une heure du matin à l'Ambigu ou à l'Odéon. Voilà le métier du critique ; et ni le public ni son directeur ne souffriraient qu'il s'en acquittât légèrement. D'autres ouvriers sont tout prêts, et ne demandent qu'à se jeter, tête baissée, dans cet enfer.

Il faut rendre justice à la critique nouvelle et

reconnaître que la difficulté même l'excite et l'avive. Pressée comme elle est par le temps, elle n'en prodigue pas moins les aperçus ingénieux et les fines remarques, et c'est par là qu'elle vaut quelque chose. Si vous en doutez, ouvrez, je vous prie, *les Mille et une Nuits du théâtre*, de M. Auguste Vitu. L'ancienne critique n'avait ni plus d'esprit ni plus de bon sens ; elle était seulement plus heureuse. Quand il lui arrivait de découvrir une veine féconde, elle la suivait jusqu'au bout ; M. Vitu la voit, nous l'indique, et passe. Voilà le tourment pour les critiques nouveaux ; on leur permet bien de regarder de loin la terre promise, mais ils n'y entreront jamais, les développements brillants leur sont interdits. Ils ne connaissent du métier que ses plus rudes difficultés ; ils n'ont jamais, dans cette besogne ingrate de la critique, l'illusion d'une création personnelle, car la critique, elle aussi, a son enthousiasme. Ce que le poète n'a pas toujours su dire, elle l'exprime parfois à merveille. Rappelez-vous maints passages de Sainte-Beuve, ou plus près de nous, la page délicieuse de M. Jules Lemaître, à propos de la patrie, dans une étude sur M. Edouard Grenier. Il y a là un accent qui s'élève au-dessus du ton général de la critique. Ces bonnes fortunes sont défendues à ceux qui parlent du théâtre au jour le jour ; aussi n'est-ce pas un mérite vulgaire que de savoir faire, avec des articles écrits à la hâte, un livre intéressant.

Il ne faut pas croire, parce que le niveau du théâtre est assez bas, que la critique en soit plus facile ; elle est peut-être, au contraire, plus malaisée aujourd'hui qu'à aucune autre époque. La fantaisie règne en souveraine maîtresse, au théâtre ; personne ne croit plus guère aux règles ; chacun va au hasard, sans autre souci que de plaire au public. Les critiques et les amateurs d'autrefois avaient dans l'esprit un certain idéal ; il fallait pour leur plaire se soumettre à des conditions dès longtemps déterminées. L'auteur obéissait aux mêmes lois que le critique ; il savait d'avance au nom de quels principes il serait jugé. La fantaisie ne se jouait librement dans aucun genre ; le vaudeville même avait ses règles. Que le critique approuvât ou qu'il condamnât, son jugement n'était point arbitraire ; il décidait d'après des principes qui, bons ou mauvais, n'étaient contestés par personne. Ces principes, bien qu'ils ne fussent après tout que « l'expérience même réduite en lois », pouvaient gêner les auteurs ; ils étaient une force et un appui pour la critique. Tout autre est la condition des juges nouveaux. La plupart des pièces n'appartiennent à aucun genre déterminé ; le pathétique et le bouffon se rencontrent souvent, à doses égales, dans la même œuvre. Ici, le pathétique est sobre et reste noble ; là, il se déploie librement pour nous émouvoir et les acteurs se roulent sur les planches ; ailleurs le comique jaillit de la situation ; des personnages qui se prennent au sérieux nous font rire aux larmes ; plus loin l'action n'est rien, les acteurs ne parlent que pour permettre aux auteurs de lancer des traits piquants et de placer des mots. Je vois bien à qui je donnerais la préférence, mais le public n'est pas toujours de l'avis des règles ; il paraît assez malaisé de condamner une pièce qu'une salle entière a applaudie. Les amateurs ne font plus la loi au public, mais le public en impose aux critiques. Quiconque, par des moyens quels qu'ils soient, amuse deux mille personnes, pendant trois heures, doit avoir du mérite ; c'est au critique de dire quel est ce mérite. Il a écouté la pièce ; sa conscience littéraire lui dit qu'elle ne vaut rien ; si l'art obéissait encore à des lois, il serait facile de prouver qu'elles ont été violées ; mais l'art marche sans lisières. Va-t-il plus droit et d'un pas plus sûr, je ne sais ; quant à la critique, il est permis de croire qu'elle y voit moins clair et qu'elle se dirige à tâtons. Il est donc vrai de dire que, dépourvue d'une esthétique bien arrêtée, elle est devenue plus malaisée.

J'oserai adresser à cette critique un reproche assez grave, car je me tairais si je n'avais qu'à la louer. Son défaut est une indulgence excessive. Je sais qu'il part d'un bon naturel et qu'il lui fait honneur; mais enfin c'est un défaut. Il n'est pas malaisé de prévoir ce qu'on m'objectera. S'il faut pécher, mieux vaut encore que ce soit par indulgence que par sévérité; et puisque enfin on est obligé de juger vite, il convient de ne pas condamner trop fort. On ne se repent guère de l'indulgence; il est rare qu'un mot sévère nous fasse des amis. Sans compter que le critique, après tout, peut se tromper et qu'il est dur d'avoir assumé la responsabilité de certains jugements. Beaumarchais venait de faire jouer *Eugénie*; c'était un début assez malheureux. Collé écrivit : « M. de Beaumarchais a prouvé, à ne point en douter, par son drame qu'il n'a ni génie, ni talent, ni esprit. » Voilà certes un pronostic judicieux; il n'en faudrait guère de semblables pour infirmer à jamais l'autorité d'un critique. Le risque, de nos jours au moins, est assez rare. Les chefs-d'œuvre, d'ailleurs, n'ont jamais été fort communs, au théâtre. On en pourrait peut-être citer jusqu'à vingt au temps de

Molière; cinq ou six tout au plus au siècle suivant; si quelqu'un voulait compter les nôtres, il n'aurait pas à faire un prodigieux effort de calcul. Voilà qui peut rassurer la critique. Ai-je besoin de dire que la sévérité n'est, en aucune façon, le dénigrement; que s'il convient de faire bonne guerre aux défauts il n'est que juste de reconnaître et de signaler les qualités. C'est là, sans doute, la plus agréable besogne du critique et je ne m'étonne pas que tant d'esprits aimables se laissent aller sur cette pente douce; elle est glissante pourtant et il faut savoir s'y arrêter à temps. Je remarque que toutes les grandes époques littéraires sont aussi des époques de vive et d'acerbe critique. Boileau, à coup sûr, n'est pas tendre; Molière a percé Cotin et Ménage de traits acérés; Voltaire est le plus impitoyable des railleurs; il va trop loin, car il n'épargne ni le caractère, ni les mœurs de ses adversaires. Chateaubriand, Mme de Staël, Lamartine et Victor Hugo, lui-même, à ses débuts, n'ont pas été ménagés. Il n'y a point d'autre limite à assigner à la critique que l'équité, le bon goût du juge lui-même, et le souci de sa propre réputation. On voudrait seulement que la critique gardât son franc parler, et qu'elle enveloppât ses arrêts de moins de circonlocutions et de détours. Il en coûte vraiment trop cher quand on veut en chercher si long.

Bien plus heureuse est la condition d'un trop grand nombre de journalistes politiques. Ceux-là n'ont pas besoin de se mettre l'esprit à la torture pour faire accepter une critique; l'impartialité bienveillante ne paraît pas être un devoir pour eux. Quiconque est de leurs amis est un homme de talent; s'il fait une motion saugrenue, ils n'en veulent rien voir; c'est quand il a tort qu'on lui donne surtout raison. Qu'un auteur dramatique en renom se trompe, bien qu'habile, il faut lui faire entendre que telle ficelle est décidément trop visible ou trop usée; mais avec quels ménagements on l'avertira, comme on protestera du respect qu'on a pour son mérite. Si un homme politique fait un faux pas, immédiatement c'est un sot ou un malfaiteur. Le ministre qui a conquis la Tunisie et le Tonkin a été mille fois plus maltraité que le général qui a livré Metz et la France à l'ennemi; on les a mis en parallèle comme La Bruyère a fait pour Corneille et Racine et, leurs crimes bien pesés et compensés, ce n'est pas le ministre qui a été trouvé le moins coupable. Un critique exercé aux lettres et rompu au métier passe en revue tous les tours de la langue française, cette langue des courtisans, la plus naturellement polie que bouches humaines aient jamais parlée, pour faire entendre à une actrice qu'elle vieillit décidément et qu'il est temps de se résigner aux rôles de duègnes, et un jeune homme arrivé de la veille de sa province, à peine électeur et ne sachant de la politique que sa phraséologie vide, déclare carrément que tel ministre est un incapable et que, seul, il sait le moyen de régénérer la France. Il apporte à des questions très complexes des solutions tranchantes et il parle de tout, avec le ton crâne et le style décidé des gens qui, ne sachant rien, ne doutent d'aucune chose. Là où l'erreur est de peu d'effet, où la malveillance même n'aurait que de médiocres conséquences, je ne vois que courtoisie et qu'attentions délicates; ici, au contraire, où de graves intérêts sont en jeu, où l'indulgence et la bonne foi sont des devoirs, on ne trouve trop souvent que dénigrement et calomnie. Personne n'oserait écrire que MM. Augier et Dumas n'ont point de talent, mais on ne se gêne guère pour dire qu'un ministre est un âne bâté et un coquin surtout.

Que les critiques d'aujourd'hui dédaignent les procédés d'une polémique effrontée et que, comme des lettrés qu'ils sont, ils ne combattent qu'à armes courtoises, c'est à merveille. Je ne leur demande pas de faire revivre dans le monde des lettres les habitudes du xviᵉ siècle. Pour Joseph Scaliger, quiconque n'entendait pas comme lui Cicéron ou Tite-Live, était au moins un scélérat. De telles injures n'auraient plus cours aujourd'hui entre gens de lettres. Ne serait-il pas possible, pourtant, avec toutes les formes de la politesse, d'envelopper la vérité de voiles moins épais et de s'exprimer sans tant de réticences? Je ne veux pas faire la leçon à mes maîtres; mais j'use du droit de dire mon avis. Nous sommes très loin du temps où Alfred de Vigny écrivait *Chatterton*, où Victor Hugo indiquait, non sans quelque emphase, le rôle du poète dans les révolutions. L'Etat a autre chose à faire que de nourrir les poètes; les meilleurs se suffisent à eux-mêmes, et quant aux autres on ne voit aucune raison de les encourager. Personne ne croit plus à la mission des poètes, et nul ne les prend pour des prophètes; en révolution, ils n'ont rien à faire. Pour les hommes d'aujourd'hui un livre est un passe-temps plutôt qu'un conseiller; on lit vite comme on écrit. Personne ne songe à clore ses œuvres par un « *exegi monumentum* ». Dans le branle immense de cette fin de siècle, tout le monde vit à la vapeur. « Nos livres ont un an, nos gloires ont un jour. » Sainte-Beuve définissait le critique « un homme qui sait lire et qui apprend à lire aux autres ». Un critique, aujourd'hui, est un homme qui avertit le public qu'on s'ennuie ici et qu'on s'amuse là-bas. Ce qu'on appelait autrefois la littérature sérieuse s'est réfugié dans les académies; or les académies ont perdu la direction du monde moderne; on admire certains académiciens, mais on se soucie fort peu du goût académique. Quand les auteurs improvisent et attachent si peu de prix à leurs œuvres, les critiques ont-ils donc à se gêner si fort?

Le critique n'écrit pas seulement pour les auteurs, il écrit aussi pour le public. Une place au théâtre, à qui ne se contente pas des troisièmes galeries, coûte cher. Chacun lit aujourd'hui: on se fie à son journal comme à un ami, et l'on court à la pièce nouvelle, si le critique lui est favorable. On en sort mécontent, et l'on a raison. Je sais bien ce qu'on m'objectera : il ne faut pas décourager un auteur, ruiner un directeur et avec lui tous ceux qui s'abritent à son ombre. Pour moi j'en prendrais mon parti. Personne n'est obligé d'être auteur dramatique ; quant aux directeurs, ils ont à choisir entre une multitude de pièces; s'ils choisissent mal, c'est leur affaire. D'ailleurs encourager l'un et le soutenir de parti pris, c'est décourager l'autre qui peut-être a du talent. On convient tout bas que *Georgette* ne vaut rien ; mais quoi! la pièce est de M. Sardou et l'on ne peut pas dire nettement ce qu'on pense d'un tel maître. Pour moi, je regrette qu'ayant fait *Séraphine* et *Patrie*, il nous donne aujourd'hui des œuvres moindres. *Daniel Rochat*, c'était assez; mais *Théodora* après *Daniel Rochat* et *Georgette* après *Théodora*, c'est beaucoup, c'est trop. Il ne s'agit pas ici d'un jeune auteur qu'une critique trop vive pourrait rebuter, mais d'un académicien qui,

> Debout depuis vingt ans sur sa pensée altière,
> Du pied de ses coursiers n'a jamais su douter.

Puisqu'il ne se contente pas d'avoir un siège à l'Institut à côté de M. Marmier, et qu'il n'est heureusement pas homme à renoncer au théâtre où il a obtenu tant de succès, ne craignons pas de quer un peu son amour-propre; s'il nous répond par un chef-d'œuvre, ce sera tout profit pour lui et pour nous.

> Au Cid persécuté Cinna doit sa naissance,
> Et peut-être ta plume aux censeurs de Pyrrhus
> Doit les plus nobles traits dont tu peignis Burrhus.

Voilà, certes, d'illustres exemples et nous ne mettons pas M. Sardou en mauvaise compagnie. Qu'il imite donc Corneille, Racine ou même

M. Dumas, qui a répondu au public mécontent de la *Princesse de Bagdad* en lui offrant *Denise*. C'est ainsi que se venge un galant homme.

Une critique trop indulgente a le tort grave d'encourager la médiocrité et de ne pas rendre assez justice au vrai talent. Elle confond les rangs et elle fait aller de pair des auteurs d'un mérite fort inégal. Le public accueille ses décisions et les répète, car il est, chez nous, très prompt, malgré son apparent scepticisme, à accepter comme vrai tout ce qui est imprimé. On disait à Athènes, au temps de Périclès, Eschyle, Sophocle et Euripide; au dernier siècle, à Paris, on associait aux noms de Corneille et de Racine celui de Voltaire; les Français d'aujourd'hui ont aussi leur trinité dramatique; ils parlent volontiers de MM. Augier, Dumas et Sardou. Or, il est évident que ces trois personnes ne sont pas égales entre elles. M. Sardou, tout le monde en convient, s'entend à merveille à nouer une intrigue et à en démêler les fils; il sait communiquer à l'action une rapidité qui, à la scène, entraîne le spectateur; si on vient à le lire, il perd; on ne retrouve, le livre en main, ni l'agrément, ni l'émotion qu'on éprouve au théâtre. Arlequin et Pulcinello entrent chez Colombine; l'un arrive par l'escalier et l'autre par la fenêtre; ils sont en présence; la dame baisse la tête; une scène est à faire. Si les acteurs ont le diable au corps, vous sortez du théâtre bien convaincu qu'elle a été faite; ouvrez le livre, le désenchantement est complet. C'est que M. Sardou, et il ne faut pas craindre de le répéter, n'écrit pas assez; et il ne s'agit pas ici de lui chercher querelle à propos de misérables vétilles de grammaire. La Bruyère a reproché à Molière le jargon et le barbarisme; on accuse Saint-Simon de n'avoir aucun souci de la syntaxe; Voltaire a rempli deux gros volumes des prétendues fautes de Corneille, et de nos jours, un puriste a relevé bon nombre d'incorrections dans quatre pages de Sainte-Beuve; et pourtant tous ceux-là sont d'illustres écrivains et, quand on parle de leur style, on sait ce qu'on veut dire. Si M. Sardou donnait plus de relief à ses pensées; s'il savait trouver de ces mots qui s'enfoncent dans l'attention et dans la mémoire du lecteur, il n'aurait pas le désagrément de s'entendre, sans cesse, rappeler la médiocre qualité de son style. Certaines conventions passent; les ficelles s'usent à la longue; c'est le style qui fait vivre l'écrivain, car son style, c'est son âme. Or, au théâtre, M. Sardou a de l'esprit, mais il n'a pas d'âme, aussi n'est-il, tout au plus, que le premier des auteurs du boulevard. Il ne coule pas en bronze; il a le tour de main, le coup de pouce, tout ce qu'on voudra, mais ses statues sont faites de terre glaise. Ce n'est pas un artiste réel; c'est l'enfant le mieux venu, le produit le plus raffiné d'une époque qui a trouvé l'art de faire du vin sans raisin. Quand à la dernière représentation l'écho des applaudissements s'affaiblit, quand le lustre pâlit, ses œuvres sont mortes et pour jamais. Si un directeur s'avise de les reprendre, elles ont le sort des *Pattes de mouches*, dans la maison de Molière. On dirait d'un duo de flûtes à l'Opéra, après l'*Africaine*. Le charme a disparu, mais les ficelles restent; on ne voit plus rien qu'elles. Ceux qui admirent M. Sardou et qui ne saluent pas le machiniste, son intelligent collaborateur, sont vraiment injustes. Après cela, je conviendrai, si l'on veut, que j'écoute toujours, non sans plaisir, les comédies de M. Sardou; si je vois les taches, j'ai des yeux aussi pour les beautés. C'est, sans doute, le rôle du critique de louer les auteurs, mais c'est son rôle aussi de les faire penser aux qualités qu'ils n'ont pas. Il importe assez peu qu'un vaudeville qui mourra demain, ou qu'un article de journal qu'on lit le matin et qui, le soir, est oublié, soit bien ou mal écrit; une comédie ou un drame, quand il s'agit d'œuvres où l'on trouve une observation vraie et des situations fortes, c'est une autre affaire. On est sévère pour un auteur parce qu'on attend beaucoup de son talent; si on le discute, apparemment, c'est qu'il en vaut la peine; Siraudin nous a fait rire, qui jamais a discuté Siraudin? Il faut rendre à chacun ce qui lui appartient; qu'on place très haut M. Sardou, mais qu'on ne l'égale pas aux maîtres; l'adulation n'est pas la critique.

La critique a son heure tôt ou tard; « elle ne connaît pas le respect, dit M. Renan, elle juge les hommes et les dieux. » Heureux les écrivains qui ont pu régler leur compte avec elle de leur vivant! Elle s'est tue devant Victor Hugo, « comme la terre devant Alexandre », mais il est visible que ce silence l'importune. J'ai lu autant qu'il m'a été possible ce qu'on a écrit sur la reprise de *Marion Delorme;* tout bien pesé, c'est le blâme qui l'emporte, et c'est justice. Jamais homme n'a été plus adulé que Victor Hugo. Ses vrais admirateurs, ceux qui savent par cœur les *Feuilles d'automne* et d'admirables morceaux des *Châtiments* et de la *Légende des siècles* se taisaient, indignés, au milieu du concert de louanges qui accueillait *Religion et Religions,* *l'Ane,* et tant d'autres poèmes, où les défauts, comme parle le poète lui-même, « s'appellent légion ». La presse a, pendant des années, avec une patience dans l'admiration que rien ne pouvait lasser, reproduit des lettres emphatiquement solennelles; elles ont fait rire l'Europe à nos dépens. Le bon sens français avait abdiqué devant un homme; il avait consenti à prendre des antithèses pour des raisons; il aura sa revanche et il ira trop loin. Il faut regretter seulement qu'il ne se soit trouvé personne parmi ceux qu'on écoute pour crier au poète le « *solve senescentem* » qu'Horace s'adressait en plaisantant à lui-même. Les vrais amis d'un grand homme, ce n'est pas ce troupeau de caudataires toujours prêts à le soutenir quand il trébuche, à l'admirer quand il se trompe, ce sont les critiques qui l'avertissent de ses défaillances. Tout auteur célèbre qui désire savoir ce que l'avenir pensera de lui n'a qu'à lire les jugements du critique, homme de goût, dont les remarques l'agacent ou l'importunent. M. Sarcey parle aujourd'hui des tragédies de Voltaire comme faisait Gilbert; la postérité a fait justice des adulations intéressées de Laharpe. Je sais bien qu'on n'aime pas les critiques sincères; chacun de nous dirait volontiers avec un aimable poète:

> En dépit de Boileau, moi, j'aime, je l'avoue,
> Fort peu qu'on me conseille et beaucoup qu'on me loue.

Quiconque veut dire la vérité doit se résigner à

ne compter que peu d'amis ; à voir d'ailleurs à qui va la faveur publique, on se console aisément d'être haï.

Je ne sais rien de plus préjudiciable aux arts que ces éloges banals qui ressemblent à l'indifférence. Un artiste s'adresse au public ; s'il se trompe, il faut le lui dire, sans injure, mais aussi sans faiblesse. Un honnête homme a le malheur de faire un mauvais livre ; c'est un début ; n'est-il pas juste de lui laisser entendre qu'on ne court aucun risque à se taire et qu'il est dangereux de parler ? S'il s'agit d'un écrivain célèbre, la vérité est presque une bonne action ; le critique qui s'ingénie à défendre ses oreilles des observations malicieuses du public ressemble au médecin qui tue ses malades à force de complaisances. Il n'y a ni dignité, ni considération possibles, pour la critique qui désarme volontairement. Si l'on nous injurie, tant mieux ! c'est preuve que nous avons touché juste ; si un auteur s'irrite de quelques réflexions piquantes sur son style, c'est parce qu'il se sent frappé au défaut de sa cuirasse ; il importe assez peu qu'il nous reproche d'écrire plus mal encore ; ce n'est pas de notre style qu'il s'agit, mais du sien. Un critique est un homme de la foule ; il en sort pour dire, n'importe comment, ce qu'il pense. Selon qu'il a raison ou qu'il a tort, il est un bon ou un mauvais critique. Avant tout, ce qu'il faut éviter, c'est de faire les yeux doux à tout le monde. On doit le respect aux personnes et la sincérité seulement aux écrits. « Il y a, dit Sainte-Beuve, la race des hommes qui, lorsqu'ils découvrent autour d'eux un vice, une sottise, ou littéraire ou morale, gardent le secret et ne songent qu'à s'en servir et à en profiter doucement dans la vie par des flatteries ou des alliances; c'est le grand nombre. Et pourtant il y a la race de ceux qui, voyant ce faux et ce convenu hypocrite, n'ont pas de cesse que, sous une forme ou sous une autre, la vérité comme ils la sentent ne soit sortie et proférée. Qu'il s'agisse de rimes ou même de choses un peu plus sérieuses, soyons de ceux-là. » — Soyons, nous aussi, de ceux-là, et bravement, c'est le parti le plus honnête, et à tout prendre, quand il s'agit du théâtre, le plus facile; c'est aussi le plus profitable à l'art.

Lorsque le dialogue qui suit fut publié dans la *Revue d'art dramatique*, le sens en était fort clair. M. Renan venait de faire représenter à la Comédie-Française un *à-propos* en l'honneur de Victor Hugo. Les plus heureux avaient assisté à la représentation; les autres avaient lu la brochure, ou quelque compte rendu. Toute allusion à ce sujet était donc immédiatement saisie. Il me semble, aujourd'hui, que mon opuscule a besoin de quelques commentaires. On le comprendrait mal, si l'on n'avait point une idée de l'*à-propos* de M. Renan. J'en donnerai donc une courte analyse.

La scène se passe dans un bosquet des Champs-Elysées en 1802. Un petit génie ailé, Camillus, « qui met les bienheureux au courant des choses de la terre et des volontés célestes », paraît d'abord. Il nous apprend que les grandes ombres veulent encore entendre les bruits de la terre et qu'elles semblent uniquement préoccupées de l'avenir. « Qui sait, dit-il, si les vœux et les pressentiments des génies ne créent pas la réalité. » Il s'éloigne et alors Corneille et Racine, Diderot et Voltaire, puis Boileau arrivent successivement. Ils s'entretiennent des choses littéraires du temps; ils déplorent la faiblesse de leurs successeurs et ils souhaitent qu'un homme de génie paraisse enfin. Chacun d'eux indique les qualités qu'il lui voudrait. « Si vos vœux s'accomplissent, s'écrie Diderot, je vois quatre poètes qui éclaireraient ce siècle de rayons fort divers : le poète sublime que veut Corneille, le poète de la pitié que veut Racine, le génie large et profond que rêve Despréaux, le patriarche ami des hommes qu'imagine Voltaire. Quatre poètes de premier ordre, en un siècle, c'est beaucoup..... ». Camillus paraît alors, il leur annonce que le Génie suprême a exaucé leurs vœux. « Leurs quatre poètes sont confondus en un seul génie, qui sera grand, vaste et bon. »

Il est évident que M. Renan se croyait, lui aussi, l'hyperbole permise. Il parut, tout d'abord, que ces grandes ombres étaient devenues quelque peu romantiques, et avant l'heure. On nous avait bien avertis qu'elles s'étaient transformées avec le temps, mais la transformation sembla trop complète. Au théâtre le vrai n'est pas toujours vraisemblable. Ces ombres faisaient d'ailleurs, même pour des immortels, trop bon marché de leur gloire. Boileau abdiquait et s'inclinait devant le romantisme. Il était peut-être piquant, puisque enfin Corneille, Racine et les autres, étaient en scène et faisaient des vœux, de leur faire souhaiter au poète nouveau toutes les qualités auxquelles ils attachaient eux-mêmes le plus de prix. Je l'ai tenté. Le lecteur dira si Victor Hugo a réuni toutes ces qualités-là.

Les acteurs, sauf Puck, sont les mêmes que ceux du dialogue de M. Renan. J'ai toujours cru, qu'en toute affaire, il est bon de s'égayer; voilà pourquoi j'ai amené sur la scène un nouveau personnage.

VICTOR HUGO ET M. RENAN

M. Renan n'a point à se plaindre de la Fortune; depuis le moment où « ce filet de voix claire » qu'il avait en lui sans le savoir « a retenti, au milieu de notre nuit », elle l'a conduit comme par la main. Cet homme heureux s'est pourtant lassé de son bonheur. Par bienveillance et pour consoler autrui, il a voulu, ce qui n'a manqué à aucun auteur dramatique, avoir, lui aussi, son petit échec. La Fortune toujours complaisante le lui a ménagé; c'est M. Claretie qu'elle a suscité pour lui rendre ce service ou pour lui jouer ce joli tour. Que M. Claretie se préoccupe des intérêts de ses sociétaires, c'est à merveille; ils s'en réjouissent et je ne m'en fâche pas; qu'il tienne même à honorer V. Hugo, au lendemain de sa mort, comme on fait pour Corneille, Racine et Molière, après deux siècles, je le comprends encore. Victor Hugo a été son maître et le nôtre;

c'est de lui que nous avons tous appris l'art, autrefois peu français, d'épargner les idées et de prodiguer les mots. Ce que je ne comprends pas du tout, c'est que M. Renan se soit laissé tenter. Nul ne paraissait moins que lui propre à cette besogne.

Victor Hugo n'est pas seulement emphatique, il engendre l'emphase. Dès qu'un écrivain, fût-ce le meilleur de tous, vient à parler de lui, sa raison se trouble et son goût s'altère; M. Renan lui-même subit l'ascendant du grand corrupteur. Écoutez de quel ton Corneille et Boileau nous annoncent la venue de Victor Hugo. « Je veux pour ce siècle naissant un poète sonore qui sache rendre la plainte immense de la terre s'élevant dans l'infini. Je veux entendre dans ses vers l'écho des bruits qui entourèrent son berceau, les éclats de la foudre se mêlant aux rugissements profonds du volcan, le bourdon de Notre-Dame, accompagné du canon, de la trompette et du tambour. — Je rêve, je l'appelle de mes vœux, ce poète haut comme les Alpes, large comme la mer, dont l'âme soit le clavier de l'univers, la vaste cymbale où tout retentit. » Si c'est ainsi que Corneille et Boileau ont appris à parler dans les Champs-Élysées, qu'on les ramène sur la terre; à n'en juger qu'à ce langage on les croirait malades de délire romantique; Scudéry et Chapelain auraient leur revanche.

Je lisais récemment les *Souvenirs d'enfance et de jeunesse,* livre admirable de tous points, vrai chef-d'œuvre à une époque où les chefs-d'œuvre sont rares, et je me disais, pensant à M. Renan : Voilà un homme qui n'a jamais sacrifié aux idoles de ce temps-ci; *le romantisme de la forme lui paraît une erreur; il ne travaille point pour la foule qui aime le style voyant; il s'est retranché les oripeaux qui plaisent chez d'autres* (Victor Hugo par exemple) *et qui provoquent l'enthousiasme des médiocres connaisseurs, c'est-à-dire de la majorité;* il ne déclame pas, bien qu'il sache combien la déclamation a d'attrait pour les masses; il n'a jamais forcé ses opinions pour se faire écouter. Lui seul soutient sans désavantage la comparaison avec les habiles du passé; il a la facilité et la mesure dans l'abondance; très moderne par les idées et par les sentiments, il est ancien par la forme; il ne rit pas, il sourit seulement; c'est un poète, et il a le bon goût de nous épargner le lyrisme dont nous sommes las. Il ne partage pas l'erreur des jugements littéraires de notre temps, il sait que, *quand on broute sa gloire en herbe de son vivant, on ne la récolte pas en épis après sa mort;* aussi, n'est-ce pas lui

qui descendra jamais, par déférence pour la foule,
à louer des défauts qu'il condamne (1). — Je me
répétais maintes belles phrases et je me réjouissais que dans l'abaissement universel des talents
et des caractères un tel homme restât debout,
protestant par ses œuvres contre le carnaval littéraire de ce temps-ci.

Certes, grande fut ma déception, quand j'appris que M. Renan, l'ennemi de la rhétorique,
allait se faire le panégyriste du plus forcené rhétoricien des temps modernes; je n'y comprenais
rien. La Presse, qui sait tout, me consola vite.
On parlait d'un dialogue des morts; on assurait
que Corneille, Racine, Boileau, Voltaire et Diderot étaient convoqués autour du buste de Victor
Hugo. Il me parut alors évident que M. Renan
tenait à dire son mot sur le poète mort. L'œuvre
que j'attendais, M. Claretie, certes, ne la ferait
pas répéter sur son théâtre, mais nous nous en
donnerions la représentation à nous-mêmes, au

---

(1) Voir Renan : Souvenirs d'enfance et de jeunesse, *passim*. Cf. L'Antechrist, ch. VI, ces lignes à propos de Néron :
« Qu'on se figure un homme à peu près aussi sensé que les
héros de M. Victor Hugo, un personnage de mardi gras,
un mélange de fou, de jocrisse et d'acteur... ce que serait
de nos jours un bourgeois dont le bon sens aurait été perverti par la lecture des poèmes modernes et qui se croirait
obligé d'imiter dans sa conduite Han d'Islande et les Burgraves. »

coin du feu, et rien ne vaut cette représentation-là. La tête pleine des idées de M. Renan, je cherchai à deviner ce qu'il pourrait dire, et voici ce que j'ai trouvé. Il y manque l'atticisme, et sans doute aussi cette gaieté douce et cette raillerie légère que Platon prête à Socrate, et que M. Renan sait nous rendre quand il lui plaît. Offrons du moins ce que nous avons :

1802

La scène se passe dans un bosquet des Champs-Elysées. Corneille, Racine, Boileau, Voltaire, Diderot s'entretiennent de la France. — Deux petits génies ailés, Camillus et Puck, viennent les rejoindre.

VOLTAIRE *(il entre avec Diderot).*

Ce qui m'étonne le plus ici, c'est de nous y voir.

DIDEROT

Il est vrai. Voilà plus d'un siècle qu'on nous damne sur la terre et nous sommes dans les Champs-Élysées. Fréron et l'abbé Desfontaines, qui prétendaient défendre la bonne cause, erreront sur les bords du Styx pendant dix mille myriades d'années avant de venir se reposer sur les prairies d'asphodèles.

VOLTAIRE

Minos n'a pas tort. Le premier devoir d'un homme est de bien faire son métier; or, ces gens-là n'étaient que des manœuvres.

DIDEROT

Je m'amuse moins ici qu'auprès de Mme Voland; mais pourtant, grâce aux nouvelles qui nous viennent de France, je ne m'y ennuie pas trop. Ils ont fait un beau tapage, là-bas, depuis dix ans...

VOLTAIRE

Et fort réjouissant pour nous qui l'entendions de loin. Si la France est plus grande que jamais, par les armes, il me semble que les lettres sont en pleine décadence. On n'a plus d'oreilles pour les poètes, et l'on a raison; tous chantent faux.

DIDEROT

Vous avez loué l'abbé Delille...

VOLTAIRE

Il me louait; je me suis d'ailleurs si bien rattrapé sur les autres... Voici Despréaux, avec Racine et Corneille; Despréaux paraît morose.

DIDEROT

On garde, ici, toutes ses mauvaises habitudes.

BOILEAU *(il arrive avec Racine et Corneille).*

Je suis fâché qu'on commette tant de sottises en mon nom. Les poètes français ne songent plus qu'à décrire, et ils décrivent mal. Tous les jours il nous arrive quelque poème didactique nouveau. Chacun enseigne ce qu'il ignore : celui-ci, qui n'a jamais quitté Paris, chante les Forêts; celui-là, qui vit dans les salons, célèbre l'homme des champs. Jamais la terre n'a été agitée par plus de catastrophes terribles, et jamais la poésie n'a été plus vide et plus langoureuse. Ils ont laissé mourir Gilbert et ils ont tué Chénier, et voici qu'ils comblent d'éloges et d'honneurs Delille et Fontanes. Si je pouvais remonter au jour, pour deux ou trois ans, quelle bonne guerre je ferais à mes pâles imitateurs !

RACINE

Sommes-nous donc plus heureux, Corneille et moi ? Regardez quelle postérité nous avons formée. La tragédie a été s'affadissant de jour en jour, depuis un siècle.

VOLTAIRE (*à part*).

Un siècle !... On ne fait même pas d'exception pour moi; et cependant ce petit coquin de Laharpe me proclamait le vainqueur des deux rivaux qui régnaient sur la scène. Il est vrai que j'avais loué *Gustave;* pardonnons-lui, par pitié pour les deux mille ans de Tartare que lui vaudront ses mauvais vers.

CORNEILLE

Moi, j'espère ; tout n'est point perdu en France. Le bruit que font les soldats couvre toute voix humaine ; mais cette tempête cessera, et quand les héros seront morts, les poètes se lèveront pour les chanter. La France aura besoin d'une voix sonore qui retentisse jusqu'à son cœur, et cette voix ne lui manquera pas.

DIDEROT

Corneille a toujours l'accent d'un prophète.

CORNEILLE

Ne vous semble-t-il pas que les beaux vers naissent naturellement des grandes actions ?

VOLTAIRE (*à part*).

Il a raison ! (*Souriant*) Despréaux a fait l'ode sur la prise de Namur ; et moi-même, que les Muses me le pardonnent, j'ai écrit le poème de Fontenoy.

CORNEILLE

Un poète va naître, croyez-moi, et ses accents retentiront si fort qu'ils étoufferont les cris des corbeaux qui voltigent autour du Parnasse. Voilà dix ans que nous formons ce souhait ; Jupiter l'entendra. — Voici Camillus, le messager des dieux, et Puck, le malin génie qui les divertit ; ils arrivent vers nous, tout joyeux.

CAMILLUS

Réjouissez-vous: Jupiter vous a entendus ; il a détaché une parcelle du globe de feu dont il tire de temps en temps les grandes âmes qu'il disperse dans sa création et cette parcelle va venir animer le corps d'un enfant qui naîtra cette nuit même. La voici, renfermée dans ce cristal transparent. Vous pouvez faire des vœux pour l'enfant qui va naître ; la Fortune les exauce quelquefois. Il est doux de faire des rêves sur un berceau. Dites donc franchement ce que vous désirez pour le poète nouveau, et que vos paroles ne soient pas perdues.

CORNEILLE

Si Racine voulait commencer, lui, le plus parfait des poètes.

RACINE

Cet honneur appartient à Corneille, qui en est le plus grand.

DIDEROT (*à part*).

Ce sont là les façons du grand siècle ; nous autres, du moins, nous y allions plus rondement.

BOILEAU

Laissons ces vaines questions de préséance. Ici, chacun se rend justice à soi-même ; c'est à Molière qu'il appartient de parler le premier. Pourquoi n'est-il point parmi nous? Qu'on l'appelle. Il n'y aura rien de parfait en France, qui ne lui ressemble par quelque côté.

PUCK

Molière est assis à la droite de Jupiter, pour un moment. Le maître des dieux est fort occupé. Il a peuplé l'immensité d'un mot, et voilà des milliers d'années qu'il travaille à s'instruire de ce qu'il a fait. Il donne deux jours à chaque planète. Hier, il me dit: « Je veux m'occuper de la *terre*; c'est un imperceptible fragment du grand tout; va me chercher, dans les Champs-Élysées, un des premiers parmi les nains qui l'ont habitée, et conduis-le vers moi. » Je cherchais Voltaire, j'ai rencontré Molière; l'un vaut l'autre, et Voltaire, peut-être, aurait commis quelque incartade.

VOLTAIRE

C'eût été possible.

PUCK

Je n'ai jamais vu Jupiter si gai; non, pas même le jour où il conduisit pour la première fois Junon dans ses demeures sonores. Il ne se doutait pas que la *terre* fût si amusante... Donc, Molière ne viendra pas. Pendant que Jupiter, en bon vieillard qu'il est, sommeillait après déjeuner, votre ami a ouvert furtivement le grand livre des destins. Il paraît que l'enfant sublime qui va naître ou rira mal ou ne rira point; Molière n'a donc rien à faire ici.

CAMILLUS

Puck, c'est assez; veuillez commencer, mes amis.

CORNEILLE

C'est le poète qui fait vivre les héros. Il faut qu'il les montre au monde plus grands qu'ils n'ont été. La Muse divine les transfigure ; elle les dépouille de leurs faiblesses mortelles et elle les revêt pour l'éternité de lumière et d'éclat. C'est ainsi que j'ai fait pour Rodrigue, pour Auguste et pour Polyeucte. La nature nous fournit les premiers traits de nos tableaux, mais c'est l'âme qui les achève. Le génie poursuit à travers le monde un idéal insaisissable de beauté; il en esquisse dans ses créations une légère image, et c'est assez pour enchanter à jamais les esprits des hommes. Malheur à qui rabaisse les héros, à qui traîne dans la boue ceux que les peuples ont appris à respecter. J'ai vu, autour de moi, des poètes sans idéal ; j'ai vu des héros avilis, et j'ai détourné les yeux. Moi-même, en vieillissant, j'ai eu le malheur d'oublier les principes qui avaient guidé ma jeunesse; Despréaux me les a rappelés et je ne l'ai pas compris. Nous sommes tous épris de nous-mêmes et nous n'écoutons que les critiques qui nous louent. O poète, que nous saluons, profite de nos fautes, afin qu'un jour, à ton retour ici, les héros t'accueillent avec reconnaissance.

PUCK *(riant).*

O Jupiter, toi qui aimes Richelieu, et aussi François, le héros de Marignan, entends les vœux du grand Corneille.

RACINE

Si j'osais faire un souhait après Corneille, je dirais : l'âme humaine est le domaine éternel des poètes ; toujours la même, elle est toujours nouvelle. Descends dans ses profondeurs, c'est là qu'il faut chercher l'homme. La tragédie n'est pas dans de vains jeux de scène. Si Shakespeare, ce barbare, qui marche ici notre égal, est grand, ce n'est point parce qu'il a fait étouffer Desdémona sur le théâtre ; ce n'est point parce qu'il a montré des sorcières dansant sous la lune leurs rondes infernales ; ce n'est point parce que des valets débitent aux oreilles de Juliette d'immondes plaisanteries ; c'est parce qu'il a peint la vengeance, l'ambition, la jalousie, l'amour, avec d'ineffaçables couleurs. Et moi-même, puisqu'il nous est, ici, permis de parler de nous, si j'ai laissé quelque mémoire chez les hommes, c'est qu'Agrippine, Monime, Iphigénie, Phèdre, sont des êtres réels et tels qu'on en rencontre à chaque pas, sur la terre. Si je n'avais mis au théâtre que de vains fantômes ou que des femmes de chair et de sang, mais sans âme, je serais oublié.

PUCK (*ironiquement*).

O Marion, Lucrèce, Marie d'Angleterre, comme on médit de vous !

BOILEAU

J'ai resserré les poètes dans des entraves trop étroites ; brise-les. Ma vue était courte, j'en conviens, car il est temps que je me dise à moi-même la vérité. Horace avait raison ; les dieux ont donné au poète le droit de tout oser, mais c'est un droit dangereux. La raison n'est pas tout, c'est vrai, l'imagination a sa part dans les œuvres humaines ; Eschyle et Pindare me le répètent chaque jour et j'en suis convaincu comme eux. N'oublie pas, pourtant, que la raison aussi a ses droits imprescriptibles. La raison c'est le goût. Si tu fais des poèmes, décris, mais tâche de ne pas décrire sans fin. Garde-toi d'entasser les mots sur les mots. Dédaigne une vaine rhétorique ; quand l'effet est produit, ne le prolonge point par d'inutiles artifices, car tu le détruirais. Fuis, comme la peste, le cliquetis des mots, les majestueuses et puériles antithèses, l'enflure à la Lucain...

PUCK
Elle lui a valu quinze siècles de Tartare !
BOILEAU
Fuis les jeux de mots, les sentences qui ne veulent rien dire et que les sots croient profondes, en un mot tout ce qui déshonore l'art et l'artiste. Soigne tes rimes, si tu veux, mais souviens-toi qu'une rime suffisante vaut mieux qu'une double épithète. Sois indulgent pour nous; nous avons eu le malheur d'être durs pour nos devanciers, ne nous imite pas.

PUCK
Soyez tranquille et ayez bon espoir, l'enfant vous entend.

VOLTAIRE
Aie de l'esprit, si tu peux : mais si Jupiter t'a refusé cette flamme légère, garde-toi de plaisanter jamais, car c'est de toi que tu ferais rire les honnêtes gens. Souviens-toi que c'est en France que tu vas naître. Ce peuple a fait bien des folies, mais il les a reconnues toutes ; il est pétri de grâce et de bon sens. Travaille à entretenir chez lui ses qualités aimables. Si tu le grisais de déclamations ampoulées, tu serais coupable. Moi-même, je veux bien l'avouer, j'ai quelquefois dépassé le but; j'ai introduit dans le sang de mes

compatriotes un ferment dangereux. Ils s'irritent vite, et leur impitoyable raillerie ne sait plus rien respecter; c'est ma faute et je la déplore. Sois plus sage. Depuis que Rousseau a tourné toutes les têtes avec la politique...

PUCK

Pour cette folie, il ramera pendant dix mille ans sur la barque de Charon...

VOLTAIRE

Ce n'est pas trop. Depuis ce temps, dis-je, une responsabilité terrible pèse sur la tête de quiconque ose écrire. Ce sont des écrivains qui ont poussé la Révolution aux excès que je déplore. Si tu as le malheur, et personne n'y échappera désormais entièrement, de te mêler à la politique, ne te courbe pas devant les rois (je l'ai fait et je m'en suis repenti), mais ne flatte pas le peuple. Conseille la modération à ceux-là comme à celui-ci, et ne laisse croire à personne que l'égalité soit possible. Les folles rêveries ont déjà fait couler le sang et pourront le faire couler encore.

Boileau t'a dit tout ce que j'avais à te dire. Évite de faire des romans en dix volumes et ne déclame jamais. La poésie française est bien malade; rends-lui, ce que j'ai le regret de ne pas lui avoir conservé toujours, l'éclat et le relief;

mais la prose est bonne, elle est agile; elle excelle à darder la parole comme un trait; conserve-lui ces qualités précieuses. Redoute les longues périodes, et, je le répète, car je suis effrayé de maints symptômes, à tout prix évite l'emphase et les antithèses. Laisse-moi te donner un dernier conseil. Ne te fie pas trop aux flatteries de tes contemporains, car ils aimeront surtout les défauts; c'est l'habitude, on ne leur plaît que par là. Crains d'abord tes disciples; les imitateurs s'attachent au maître comme le gui au chêne pour dévorer sa substance; ils lui ressemblent en laid. Demande à Despréaux ce qu'il pense des siens.

PUCK

Le ciel fasse que cet enfant ne soit pas plus ingrat envers vous que le grand Frédéric! A votre tour, Diderot!

DIDEROT

Je me rends justice et je ne sais pas trop pourquoi je suis ici. Ami, efforce-toi de me ressembler le moins possible; j'ai trop aimé le galimatias!

PUCK

C'est vrai! mais vous avez fait le *Neveu de Rameau*, et Junon qui est curieuse comme une mortelle, lit parfois certains contes...

CAMILLUS

L'heure marquée par les Destins va sonner. Il est temps que l'âme du poète prenne son essor et qu'elle s'en aille animer le corps qu'une femme met au monde...

(Un grand bruit se fait entendre, Camillus écoute...)

C'est Jupiter qui m'appelle ; je pars, Jupiter ne sait pas attendre. Puck, brise ce cristal léger, et que l'étincelle divine s'envole... *(Camillus sort et derrière lui s'en vont Corneille, Racine, Boileau, Voltaire et Diderot.)*

PUCK *(seul)*

Les hommes, même dans les Champs-Elysées, ne devraient point faire de vœux ; la Fortune se joue de leurs désirs ! Va donc, sois tout ce que tu voudras, tu nais sous une heureuse étoile ; on parlera beaucoup de toi sur la terre, et rien ne te sera plus agréable ! Adieu !....

L'étincelle divine s'envola et vint animer un petit corps si débile « qu'il n'avait pas même un lendemain à vivre » ; elle y resta quatre-vingt-trois ans. L'antithèse toujours !

UN NOUVEAU CRITIQUE

DE

L'ÉCOLE DES FEMMES

La critique n'en a jamais fini avec les grands écrivains. Chaque siècle les comprend à sa guise ; les novateurs ne s'autorisent pas moins de leurs exemples que les défenseurs de la tradition. On leur prête, là même où ils sont le plus clairs, des sens inattendus. Nos idées nous paraissent moins contestables quand nous les offrons au public avec de tels garants ; il faut qu'ils soient, en toute chose, nos auxiliaires ou nos complices. Quand il s'agit d'un poète comme Molière, c'est-à-dire de la raison même, il n'est pas étonnant qu'on veuille l'avoir pour soi. On lit son texte, on le

(1) *Molière et l'École des femmes.* Conférence par M. Becque. (Tresse, éditeur.)

relit, on le tourne en tous sens, on l'étend et l'on
fait si bien, qu'on y trouve tout ce qu'on y cherchait. Ce que le premier a cru voir, d'autres le
voient, en effet ; ils en parlent, et avec le temps
une opinion s'accrédite. La foule des lecteurs
l'accepte et les lettrés eux-mêmes ne peuvent
s'en défendre, car on la leur inculque d'abord.
C'est ainsi que la postérité tout entière collabore
aux chefs-d'œuvre; elle leur fait comme une
escorte qui se grossit sans cesse :

> Recevant d'âge en âge une nouvelle vie,
> Ainsi s'en vont à Dieu les gloires d'autrefois;
> Ainsi le vaste écho de la voix du génie
> Devient du genre humain l'universelle voix.

L'œuvre d'un grand homme se transforme au
cours des siècles; le temps l'agrandit; il la complète, il l'épure et elle reste éternellement jeune.
Ce travail de la critique est vraiment fécond;
rien de ce qu'il a créé ne meurt tout à fait. Les
contemporains de Molière ne voyaient dans Alceste qu'un misanthrope : l'œuvre du poète se
résumait pour eux dans ces deux vers :

> La parfaite raison fuit toute extrémité
> Et veut que l'on soit sage avec sobriété.

Alceste est devenu, pour nous, le modèle même
de l'honnête homme, incapable de dire ce qu'il

ne pense pas. C'est lui qu'on estime, et c'est Philinte qu'on méprise. On riait autrefois des travers d'Alceste; nous sommes, aujourd'hui, touchés de sa vertu. On n'avait pas tort autrefois et nous avons raison aujourd'hui. C'est le privilège des chefs-d'œuvre d'éveiller des idées fort diverses; tout ce qu'on y peut voir raisonnablement s'y trouve en réalité. Une conférence récemment faite par M. Becque, sur Molière et l'*Ecole des femmes*, m'en fournit la preuve.

L'*Ecole des femmes* est, après les quatre grands chefs-d'œuvre de Molière, l'un de ses meilleurs ouvrages. Les deux personnages principaux, Arnolphe et Agnès, sont restés justement célèbres. Agnès, l'ingénue, triomphe d'Arnolphe qui se croit fort habile, comme Agnelet triompha de Pathelin. La critique avait toujours cru que Molière, là comme dans l'*Ecole des maris*, avait surtout réclamé plus de liberté dans l'éducation des femmes. On avait vu Sganarelle vaniteux et sot joué par Isabelle, sa pupille, une fille de tête et d'esprit; Arnolphe, non moins vaniteux que Sganarelle, mais plus fin, était berné par Agnès, l'ignorance même. En revanche, Ariste, le plus indulgent des tuteurs, épousait Léonor. Il était aimé, malgré son âge, parce qu'il avait toujours été aimable; Sganarelle et Arnolphe, pour avoir été bourrus et surtout égoïstes, étaient également bafoués. La leçon avait de tout temps paru fort claire.

Elle n'a point semblé telle à M. Becque. Molière, à l'en croire, se serait proposé de montrer « *que l'amour est le privilège de la jeunesse* ». Ce serait là toute la pensée de la pièce, ou si l'on veut, la thèse qu'aurait soutenue le poète. Je reconnais bien volontiers que M. Becque expose et défend son opinion avec beaucoup de netteté, de force et de conviction; et vraiment cela n'étonnera personne. M. Becque s'est fait connaître au théâtre par des œuvres où se révèlent de sérieuses qualités. Si rebelle qu'on soit à sa manière un peu rude, on ne saurait nier la vigueur de son talent. Ses échecs mêmes lui ont été plus utiles que leurs succès à beaucoup d'autres. Sa méthode pourrait être meilleure, mais elle est bien à lui. Le mérite de ne ressembler à personne et cette hardiesse de marcher seul n'agréent pas toujours au public; il suffit qu'ils plaisent à l'élite. C'est elle qui, avec le temps, fait les réputations durables. Je rends d'autant plus volontiers justice au talent de M. Becque, que je vais me permettre de n'être pas de son avis. Avant de discuter ses idées, j'essayerai de les résumer, en leur laissant toute leur force.

Et d'abord quelles preuves M. Becque apporte-t-il à l'appui de sa thèse? Il analyse les caractères principaux de l'*Ecole des femmes*, et c'est de ces caractères mêmes qu'il tire tous ses arguments. Arnolphe, à l'entendre, bien qu'il soit défiant à l'excès, est bien près d'avoir toutes les qualités, mais il a quarante-deux ans. A cet âge on n'a plus le droit de penser au mariage, et l'on ne peut plus sans ridicule essayer de plaire. S'il était raisonnable, il reconnaîtrait qu'il a passé le temps d'aimer. C'est une chose, il est vrai, qu'on ne s'avoue que le plus tard possible, et avec des restrictions à déconcerter Escobar lui-même. Arnolphe donc ne se rend pas à l'évidence et il se dispose à épouser Agnès. Horace arrive ; c'est un jeune homme. « Il est leste, coquet, il est aventureux »,

Charmant, jeune, traînant tous les cœurs après soi.

Il rencontre Arnolphe et il lui emprunte de l'argent, puis il le prend pour confident et il lui révèle son amour. Il agit ainsi naturellement, et comme on fait à son âge. « Est-ce que tout cela n'est pas charmant, demande M. Becque, et qu'est-ce que cela veut dire? Cela veut dire qu'Horace a pour lui la jeunesse, la grâce, la fraîcheur d'impressions, l'abondance de cœur, en un mot toutes les qualités que l'amour exige et qui entraînent l'amour. » A ce portrait opposons celui d'Arnolphe. Il ne rentre chez lui que pour interroger ses valets, il fait surveiller Agnès; il se défie d'elle. Il est perplexe, agité, tourmenté, il reconnaît qu'il a tort et il n'en persiste pas moins dans son dessein. En présence d'Agnès il ne sait que lui rappeler les obligations qu'elle lui doit, il l'effraye par une sombre peinture des devoirs du mariage; il travaille à se faire détester. « Eh bien, ajoute alors M. Becque, est-ce que cette peinture d'Arnolphe et d'Horace, de deux personnages si différents, ne vous a pas déjà avertis? Est-ce que le contraste ne vous paraît pas suffisant? Est-ce qu'en voyant d'un côté cet Horace qui n'a qu'à se montrer pour être aimé et de l'autre Arnolphe qui a passé l'âge de plaire et qui n'y songe même plus, le secret de la comédie ne se manifeste pas à vos yeux? Est-ce que vous ne vous dites pas: Eh oui, c'est bien cela, c'est la vérité même, l'amour est le privilège de la jeunesse »? C'est surtout avec Agnès que M. Becque triomphe. Soumise aussi longtemps qu'Arnolphe n'a été pour elle qu'un tuteur, elle se révolte dès qu'il parle de l'épouser; ni menaces, ni prières ne pourront l'émouvoir. C'est en vain qu'Arnolphe lui rappelle les services qu'elle a reçus de lui ; c'est en vain qu'il parle de son propre amour ; tout le cœur d'Agnès se révèle dans ce vers décisif :

Horace avec deux mots en fait bien plus que vous.

« Et maintenant, continue M. Becque, est-ce que nous ne pouvons pas saisir la comédie tout entière, jusque dans ses détails. Pourquoi Molière a-t-il donné des qualités à Arnolphe? C'est qu'il a voulu que ces qualités fussent inutiles. Arnolphe a rendu des services à Agnès; ces services ne compteront pas. Arnolphe disait : Une fille avisée, savante, habile, me ferait courir trop de risques ; Molière lui répond : Avec une simple et une ignorante, ce sera bien pis encore; elle ne voudra de toi à aucun prix. Et pourquoi Molière a-t-il fait d'Agnès une enfant abandonnée? C'est qu'il a voulu qu'elle fût seule et libre, sans aucune considération à observer. Pourquoi nous l'a-t-il montrée d'une simplicité absolue? Pour qu'il n'y eût chez elle aucun calcul et aucune hésitation. Il l'a prise en quelque sorte à l'état brut, afin qu'elle n'écoutât que la pensée de la nature qui est en même temps la pensée de la comédie: L'amour est le privilège de la jeunesse. »

Ces raisons sont ingénieuses ; elles emportent d'abord une certaine conviction. Quand on les examine de près, elles paraissent peu solides. Arnolphe embarrasse visiblement M. Becque, il le voudrait plus vieux de quelques années ; il flatte son portrait ; il nous le peint désintéressé et ne lui trouve qu'un défaut : il a mauvaise opinion des femmes. De la vanité d'Arnolphe, de ses calculs d'égoïste, M. Becque ne dit rien. Il ne dit pas un mot de l'*École des maris ;* il ne dit pas que Molière qui avait donné Léonor pour femme à Ariste, ne pouvait pas presque aussitôt s'infliger à lui-même un démenti formel. Il me semble que c'est autour d'Arnolphe que tourne toute la pièce. Il a vu des maris trompés, et il en conclut avec une logique de célibataire que c'est là le sort commun. Il pourrait renoncer au mariage, mais il est vaniteux, et il se flatte d'être plus heureux que les autres. Il recueille une fille abandonnée, il la fait élever dans la plus profonde ignorance, il met tous ses soins à se façonner une femme bien sotte et il croit y avoir réussi. Cette précaution est le piège dans lequel il se prend au premier pas. Il suffit qu'il s'éloigne un moment pour que l'amour détruise tout son ouvrage. Agnès qui n'a pas appris à se défendre ne sait pas résister. Une révérence, un mot aimable, une protestation d'amour, la mettent à la discrétion du jeune Horace. Arnolphe, tout à l'heure si fier de sa science du monde et de son expérience, est vaincu par deux enfants. Toutes ses ruses se tournent contre lui. Il a voulu s'assurer la possession d'une jeune fille, et il a oublié de s'en faire aimer. Quand il s'aperçoit de son erreur, il est trop tard ; entre Horace et lui, Agnès ne peut pas hésiter. Ou je me trompe fort, ou c'est là presque toute l'*École des femmes*. Du caractère d'Arnolphe et de sa mésaventure une autre leçon découle naturellement, et cette leçon condamne l'éducation d'Agnès.

Cette façon de comprendre l'*École des femmes* a été celle de la critique jusqu'à nos jours ; elle n'est donc pas très nouvelle, comme le dit M. Becque. Il n'est pas besoin pour la défendre de ne chercher dans la pièce de Molière « qu'une pensée d'éducation ; encore moins faudrait-il faire remonter à lui la création de nos lycées de jeunes filles ». Isabelle n'était ni sotte ni ignorante, elle n'en a pas moins dupé Sganarelle. Les femmes qui ont du savoir ne sont pas nécessairement vertueuses. Si la science et la vertu allaient toujours ensemble, les apôtres de l'instruction intégrale ne seraient point des sophistes. C'est l'éducation qui est en jeu bien plus que l'instruction. Molière réclamait pour les jeunes filles quelque liberté; il s'attaquait aux mœurs de la petite bourgeoisie de son temps, et il prouvait à sa manière que la sottise d'une fille n'est pas la sauvegarde de sa vertu. Puisque le danger existe, le mieux, pour s'en défendre, est encore de le connaître. A n'en pas douter, la conduite d'Agnès nous avertit que l'excès, dans l'ignorance, est un péril. Horace est jeune; il est amoureux et honnête; ses intentions sont bonnes et il plaît à Agnès. Supposez qu'il ne soit qu'un séducteur, aux belles manières, en sera-t-il moins bien accueilli. Est-il bon, en un mot, qu'une jeune fille sache se défendre? L'ignorance absolue ne serait-elle pas un danger pour elle? Rien ne peut nous empêcher de nous poser ces questions, après une lecture de l'*École des femmes*.

D'ailleurs, et c'est un argument, à mon avis, plus décisif, si Molière avait voulu faire voir que l'amour est le privilège de la jeunesse, il eût conçu tout autrement sa pièce. Il aurait fait d'Arnolphe un galant homme et un homme aimable, n'ayant qu'une faiblesse, celle d'être amoureux un peu tard. Cet homme n'eût pas, avec la patience d'un égoïste, préparé pour lui-même une fille à sa fantaisie; un hasard quelconque l'eût mis en présence d'Agnès. Il eût tout fait pour être aimé ou du moins pour être accepté comme époux; l'arrivée subite d'un jeune homme eût suffi pour faire évanouir son rêve: Agnès fût allée à Horace librement, séduite par le seul attrait de sa jeunesse, et comme éclairée tout à coup sur ses vrais sentiments. La démonstration eût été plus claire encore, si l'homme mûr l'eût emporté sur le jeune homme par les qualités du cœur et de l'esprit. Or, Arnolphe n'est pas seulement trop âgé, il est encore sermonneur, défiant et maussade; Horace a tous les avantages. J'en conclus que M. Becque prête à Molière une intention qu'il n'a pas eue, du moins, à ce point-là.

Il me semble encore que M. Becque cherche à faire de Molière un génie trop abstrait. Cette opinion est contraire à tout ce qu'on sait du caractère et des habitudes de ce grand homme. Molière, sans doute, « n'est pas un réformateur comme Rousseau »; est-ce une raison pour aller jusqu'à vouloir qu'on ne lui demande « ni idées, ni leçons de morale, ni conseils pratiques »; je ne le pense pas. Molière a voulu peindre des caractères, c'est vrai, mais il a dû, comme tout poète comique, se préoccuper de plaire au public; il a tourné en ridicule les façons prétentieuses des marquis, la suffisance des pédants, la vanité des bourgeois, tous les travers qui étaient les plus communs parmi les hommes de son temps. C'était là, apparemment, œuvre de moraliste. Ses ouvrages attestent, en cent endroits, qu'il n'était étranger à aucune des préoccupations de ses contemporains. J'en trouve la preuve dans l'*École des femmes*, elle-même. « On reproche à Arnolphe, dit M. Becque, d'ajouter à son nom celui d'une terre qu'il possède et de se faire appeler sottement M. de la Souche. J'aurais préféré, je l'avoue, que Molière évitât à son personnage un ridicule qui n'a rien à faire ici. Mais Molière y était obligé. Du moment qu'il adoptait pour la marche de sa pièce les récits successifs d'Horace à Arnolphe, il fallait bien qu'Arnolphe eût un double nom, autrement Horace se serait aperçu que l'Arnolphe qu'il connaît est en même temps celui d'Agnès et il ne l'eût pas pris pour confident. » La remarque est juste, mais si Arnolphe se fait appeler M. de la Souche, c'est aussi parce qu'il est vaniteux. Il a le même travers que ces quarante mille bourgeois qui, pendant la Fronde, profitèrent des troubles pour s'anoblir; ils n'étaient pas, d'ailleurs, si sots, car ils cherchaient à la fois l'honneur et le profit. A l'époque même où fut jouée l'*École des femmes*, Colbert faisait rentrer tous ces prétendus nobles dans la classe des contribuables. Le ministre et

le poète servaient l'État chacun à sa manière:
celui-là avec un édit, celui-ci en perçant la vanité
des traits acérés de ses railleries. Qu'*Arnolphe*, à
la veille de son mariage, veuille changer de nom,
cela ne peut guère nous étonner. Saint Arnolphe
était le patron des maris trompés; c'était un présage peu favorable. Il y a donc dans le premier nom
du héros de Molière une intention comique que le
parterre d'alors saisissait bien; c'est une intention satirique qui se révèle dans le second, et elle
n'a point échappé aux contemporains du poète.
On n'avait pas besoin de chercher bien loin pour
trouver les gens que désignait Molière quand
Chrysale disait :

> Quel abus de quitter le vrai nom de ses pères
> Pour en vouloir prendre un bâti sur des chimères !
> De la plupart des gens c'est la démangeaison ;
> Et, sans vous embrasser dans la comparaison,
> Je sais un paysan qu'on appelait Gros-Pierre,
> Qui, n'ayant pour tout bien qu'un seul quartier de terre,
> Y fit tout à l'entour faire un fossé bourbeux,
> Et de Monsieur de l'Ile en prit le nom pompeux.

Ce travers qui existe encore aujourd'hui, était
fort commun autrefois. Molière l'a dénoncé,
comme il en a dénoncé bien d'autres. S'il s'est
appliqué surtout à saisir les traits généraux de
l'humanité, il a été aussi un homme de son temps
et c'est par là qu'il a plu à ses contemporains.

M. Becque n'a donc raison, à mon avis, ni quand il essaye de faire de Molière un poète uniquement occupé « à fixer dans le monde de l'art des caractères », ni sur le fond même de la question, quand il substitue à l'ancienne façon d'entendre l'*École des femmes* une conception toute nouvelle! Est-ce à dire, pourtant, qu'il ait perdu son temps et sa peine? Je ne le crois pas. Il n'a point, quoi qu'il en dise, détruit l'œuvre de la critique, il l'a seulement agrandie. Il nous a fait mieux comprendre le rôle d'Horace; il a mis cette aimable figure de jeune homme à sa place entre Arnolphe et Agnès : elle s'imposera désormais à notre attention. Si l'idée qu'il prête à Molière est contestable, et s'il est permis de croire que l'*École des femmes* ne repose pas sur cette idée, elle est, du moins, fort ingénieuse. Nous y penserons, en lisant ce chef-d'œuvre, et elle prêtera à certaines scènes une grâce toute nouvelle. C'est ainsi que la critique collabore aux ouvrages immortels. Elle leur ajoute des grâces inattendues, elle en met en lumières toutes les parties, et elle procure de douces joies à cette foule de lecteurs qui ont besoin d'être avertis pour bien voir. Non, vraiment, M. Becque n'a point perdu sa peine: Grâce à lui, nous aimerons mieux encore l'*École des femmes*, car nous la comprendrons mieux.

Ajouter quelque chose à Molière, faire aimer Molière, je ne sais rien qui puisse flatter davantage un critique.

Molière est, avec La Fontaine, le plus populaire de nos grands écrivains. Il est pour nous ce que Shakespeare est pour les Anglais, ce que Dante est pour les Italiens. On ne se contente pas de jouer ses comédies sur nos principales scènes, on lui rend un culte; il a ses prêtres et même son journal. On veut savoir jusqu'aux moindres détails de sa vie; là où manquent les documents, l'imagination va son train, et nos érudits, quoi qu'on puisse dire, n'en sont pas dépourvus. Les uns, comme M. Auguste Vitu, savent à fond l'histoire de ses œuvres; d'autres, comme M. Larroumet, nous font vivre dans son entourage; plusieurs s'épuisent à lui constituer une longue généalogie, et sept villes, au moins, se disputent déjà l'honneur d'avoir été le berceau de sa famille; enfin j'en sais un, c'est le spirituel collaborateur de M. Labiche, dans la *Grammaire*, qui, pouvant se faire applaudir au théâtre après Molière, aime mieux brûler de l'encens devant son dieu. Je ne parle pas de ces fidèles innombrables dispersés partout où l'on parle le français; ceux-là aussi sont des adorateurs en esprit et en vérité; ils nourrissent leur passion dans le fond de leur âme; ils en jouissent en égoïstes et ils sont heureux. Notre siècle a vu bien des folies littéraires : il donne, en ce moment, le spectacle de saturnales réjouissantes ou tristes selon l'observateur, mais il lui sera beaucoup pardonné parce qu'il a beaucoup aimé Molière. Des écrivains qui lisent tout juste la lettre moulée et qui n'en sont pas moins de grands admirateurs de M. Rollinat, se permettaient hier d'insulter Lamartine; aucun d'eux n'oserait toucher à Molière. Les romantiques, qui ont trop souvent porté la main sur nos gloires, ont respecté celle-là. Les étrangers eux-mêmes s'inclinent devant elle, et quand un lettré de Pékin nous dit en bon français que Molière « est le plus grand des hommes », nous louons le bon goût de ce mandarin. Je ne suis pas un admirateur passionné de nos érudits; nés pour l'ombre des écoles, ils se montrent aujourd'hui trop au grand jour; quand ils s'occupent de Molière je n'ai plus la force de leur garder rancune; j'oublie que l'art et le talent sont menacés par une prétendue science et je les lis non sans plaisir. C'est que « le cœur a des raisons que la raison ne connaît pas ». Aimons donc Molière, et si nous le pouvons, à l'exemple de M. Becque, faisons mieux aimer et mieux comprendre Molière.

LA POÉSIE AU THÉATRE

Les poètes, ceux-là du moins qui n'ont ni une verve ni un bon sens supérieurs, se sont toujours plaints du public. Il n'a point d'oreilles pour eux; c'est là son crime. A vrai dire, les grands poètes ont toujours été écoutés. Corneille, Racine, Molière et La Fontaine n'ont pas trouvé leurs contemporains indifférents; Voltaire a été l'idole de son siècle; et de nos jours, ni l'admiration, ni l'adulation même n'ont manqué à Lamartine et à Victor Hugo. Alfred de Musset, qui, par des qualités incomparables, justifie bien des enthousiasmes, n'a pas joui pleinement de sa gloire, mais sa vie a été courte, et nous avons, depuis, réparé nos torts envers lui. Ce n'est pas notre faute, si la poésie, aujourd'hui surtout, sous l'influence désastreuse des doctrines parnassiennes, s'est confinée dans une région presque inaccessible ; nous ne demandons pas mieux que de faire un pas vers les poètes, s'ils consentent seulement à ne pas nous traiter comme des profanes. Qu'ils prennent leur place dans la vie contemporaine, qu'ils s'associent à nos luttes et à nos espérances, et nous serons heureux de les entendre et de leur faire fête. Les poètes, d'ailleurs, ont intérêt à secouer la torpeur qui les gagne ; le domaine de la poésie ressemble assez à une ville assiégée ; chaque jour l'assaillant fait tomber quelque défense et le corps de place est bientôt à sa discrétion. La poésie épique est morte ; les journaux suffisent à la satire, et l'on est en train d'exiler les vers du théâtre. La Comédie-Française, de loin en loin, hasarde un acte en vers : il faut bien montrer aux étrangers qu'il est encore, en France, quelques naïfs épris d'art et de beau langage ; et il serait désastreux qu'un peuple qui dépense chaque année cent millions pour l'instruction publique, et qui subventionne plusieurs de ses théâtres, ne pût faire entendre sur le premier de tous que la prose des *Pattes de mouche* ou celle du *Député de Bombignac*. Offrir des vers à certains entrepreneurs de plaisir serait d'une naïveté ineffable. Les acteurs qui débitent, chaque soir, le langage d'un certain monde et ses idées, ont, d'ailleurs, désappris, s'ils l'ont jamais su, l'art de parler « *ore rotundo* ». Seul, M. Porel, avec une vaillance qui l'honore, maintient la poésie à l'Odéon. Il n'est peut-être pas inutile, dans ce décri presque général des vers, de chercher quelles causes ont produit ce fâcheux résultat, comme aussi de montrer de quelle utilité pourrait être la poésie au théâtre.

L'histoire du théâtre chez nous, depuis le xvie siècle, c'est presque l'histoire des pertes successives de la poésie. Les anciens ne nous ont laissé et n'ont vraisemblablement écrit que des pièces en vers. Si Thalie était à peine une Muse, Aristote ne craignait pas de mettre la tragédie au premier rang des productions poétiques, au-dessus de l'épopée elle-même. La comédie, chez Aristophane, avait le chœur comme la tragédie, et par là elle restait éminemment poétique. Nous ne savons presque rien de Ménandre, mais il est permis de croire, d'après ses imitateurs latins, qu'il avait porté très haut la comédie.

Chez les modernes c'est en vers que Jodelle ressuscite la tragédie; c'est en vers que s'expriment les prédécesseurs de Corneille. Dans l'éclat incomparable dont brillaient Corneille et Racine, personne ne pouvait penser à opposer la prose aux vers. Mais dès le xviie siècle la comédie est entamée; si la poésie a pour elle le *Misanthrope*, le *Tartuffe*, les *Femmes savantes* et les remarquables pièces de Regnard; l'*Avare*, *Don Juan*, le *Bourgeois gentilhomme* sont en prose. Au xviiiᵉ siècle la partie est à peine égale; *Turcaret* et le *Mariage de Figaro* n'ont rien à redouter du voisinage de la *Métromanie* et du *Méchant*. La tragédie résiste toujours, malgré les efforts de La Motte, mais le vers, même et trop souvent dans Voltaire, a perdu tout relief. Les poètes ne traitent plus que des sujets ennuyeux, et leurs œuvres ne sont que de pâles copies des maîtres. Diderot tente avec plus de hardiesse que de succès de substituer le drame à la tragédie; mais La Chaussée et Sedaine se font applaudir dans ce genre nouveau. Les protestations, il est vrai, ne manquent pas; Voltaire rit, d'abord, de ces tentatives :

> Mais j'apprends qu'aujourd'hui Melpomène propose
> D'abaisser son cothurne et de parler en prose.

Il ne tardera guère à s'en irriter. Gilbert s'emporte contre la confusion qu'on fait des genres :

> ... Envisageons les arts :
> Quel désordre nouveau se montre à nos regards.
> De nos pères fameux les ombres insultées,

> Comme un joug importun les règles rejetées,
> Les genres opposés bizarrement unis.

et ailleurs :

> ... J'approuve l'auteur de ces drames diserts
> Qui ne s'abaisse point jusqu'à parler en vers :
> Un vers coûte à polir et le travail nous pèse;
> Mais en prose du moins on est sot à son aise.

Au XIXe siècle la tragédie achève de mourir avec Lemercier, Renouard et quelques autres. Le drame la remplace et il emprunte à la poésie, et à la plus éclatante de toutes, à la poésie lyrique, son langage sonore et audacieux. Il était visible, dès le début, que le drame se passerait vite de la langue des vers. Entre la grandeur poétique du langage et les ressorts ou, si l'on veut, les ficelles de l'action, la disproportion était choquante. Que Ruy-Blas s'emporte avec éloquence contre les conseillers prévaricateurs du roi d'Espagne, c'est bien ; mais qu'il fasse tout ce beau discours pour qu'une reine l'entende, — cachée derrière une tapisserie, — voilà qui gâte mon plaisir. Que le poète s'épuise à montrer les détails du cérémonial dont on obsédait les reines d'Espagne, je le veux encore, sans y tenir beaucoup; car toute cette prétendue fidélité historique et toute cette couleur locale ne me plaisent guère; mais que cette reine s'échappe ensuite du palais et coure partout, comme une Mme Benoiton, par exemple, voilà qui m'irrite. Que dire aussi de ces gens qui, arrivant par les fenêtres ou tombant des cheminées, se drapent dans leur manteau et débitent, dans des poses solennelles, tant de vers éclatants ? Je n'insiste pas ; il est délicat de parler des dieux, au lendemain de leur apothéose. Les Grecs qui avaient le privilège de peupler l'Olympe à leur fantaisie ne s'égayaient guère qu'aux dépens des divinités antiques, de Saturne et de Bacchus, ils laissaient aux dieux nouveaux le temps de s'asseoir dans leur immortalité. C'est le cas de se gourmander soi-même et de se répéter cet avertissement harmonieux que Ruy-Blas donne à Don Salluste :

Ah ! n'allez pas par là, ce n'en est pas la peine.

Alexandre Dumas tenta, lui aussi, d'écrire en vers, puis embarrassé par des formes trop lentes pour sa facile invention, il y renonça vite.

Dans ce triomphe du drame, la tragédie essayait pourtant de revivre en se transformant avec Casimir Delavigne ; Ponsard lui rendit même quelque vigueur. Mais ni Delavigne, ni Ponsard n'étaient des poëtes tragiques au sens ancien du mot ; ils faisaient des concessions visibles au drame ; ils s'essayaient à marier deux formes de l'art, sans y réussir entièrement. Ni l'un ni l'autre, peut-être, n'apportaient au secours de la tragédie renouvelée un génie assez fécond et assez vaste et surtout une langue assez vigoureuse et assez originale. Delavigne n'a pas de relief et si Ponsard s'élève quelquefois, « sa Muse Allobroge » est rarement harmonieuse. Quant à la comédie en vers, sauf avec Casimir Delavigne encore, elle n'a rien laissé qui vaille. Or, tandis que classiques et romantiques bataillaient au théâtre et dans la presse, une transformation nouvelle s'opérait en dehors et à côté d'eux : tragédie et comédie se mêlaient entièrement et ce qui sortait de leur union, ce n'était pas le drame mais un spectacle nouveau où l'on rit et où l'on pleure, où les acteurs ne meurent plus ordinairement, comme dans le drame,

..... « car à peine l'auteur
« Pour emporter les morts laissait vivre un acteur. »

mais où pourtant les spectateurs ne s'égayent pas toujours comme dans la comédie. De ce théâtre nouveau, que le public paraît aimer surtout, la poésie est absente. M. Emile Augier qui s'y était essayé avec distinction semble avoir renoncé aux vers, et M. Dumas les rejette pour des raisons qu'il a savamment déduites. Quant à M. Sardou, d'aucuns prétendent qu'il n'a pas même le temps d'écrire en prose. Malgré l'exclusion dont la frappent les maîtres du théâtre contemporain, la poésie persiste à ne pas mourir. Elle a ses réveils subits, comme elle l'a fait voir avec *Severo Torelli*, et elle ne se tient pas pour définitivement condamnée.

On répète volontiers que le théâtre est l'image de la société ; tant pis pour nous si c'est vrai, car l'image aujourd'hui n'est pas flatteuse pour le modèle. Ce qu'on peut affirmer, sans crainte, c'est qu'à toutes les époques auteurs et directeurs de spectacles se sont efforcés de plaire au public. Mais ce public, depuis trois siècles, est bien différent quant aux goûts et quant aux habitudes. Corneille et Racine écrivaient pour un petit nombre de grands seigneurs, de femmes affinées par les mœurs polies de la cour et par la conversation des gens d'esprit; ils écrivaient aussi pour des lettrés qui avaient des loisirs ; avec un tel public, pas n'était besoin des procédés d'un art tout matériel. Les allusions les plus discrètes n'étaient pas moins comprises que les pensées les plus hautes ou les plus profondes. Le théâtre n'était alors fréquenté que par une élite ; en tout cas c'était de cette élite seule que le poète attendait son succès, et il était rare que la ville le vengeât des dédains de la cour. M. Théodore de Banville félicitait naguère « le public de la Comédie-Française si intuitif, si délicatement artiste qui avait applaudi, dans *Socrate et sa femme*, non seulement les intentions comiques, mais aussi les plus subtiles combinaisons d'harmonie et de rimes ». Que devait penser Racine du public qui avait applaudi dans *Andromaque* ou dans *Iphigénie*, non pas seulement des intentions tragiques, mais la tragédie elle-même dans toute sa force et dans tout son éclat, et bien autre chose que de subtiles combinaisons d'harmonie et de rimes, mais la langue la plus souple, la plus harmonieuse et souvent la plus hardie, qu'on ait parlée chez nous. Il est évident que les conceptions et le langage d'un Racine ne pouvaient plaire qu'à des esprits cultivés ; or, à mesure que le bien-être s'est développé, et avec lui le goût des plaisirs intellectuels, le théâtre s'est ouvert plus grand, pour des spectateurs plus nombreux. Il a fallu pour plaire « aux nouvelles couches » créer un art nouveau, et à leur portée ; la poésie n'y pouvant suffire seule, la prose est venue à son aide et, gagnant de proche en proche, elle pourrait lui dire aujourd'hui comme Tartufe à Orgon :

> La maison est à moi, c'est à vous d'en sortir.

Les théâtres se sont multipliés ; trois ou quatre seulement suffisaient à nos pères et nous en avons plus de vingt. C'était un rare succès autrefois pour une pièce d'être représentée trente ou quarante fois ; aujourd'hui ce serait presque un échec. Il est arrivé là ce qui arrive toujours ; l'abondance de la production en a vite diminué la qualité. Du moment qu'on pouvait avec une œuvre médiocre, accommodée au goût du jour, se faire un grand succès et en tirer « un profit légitime », il n'était pas besoin de s'exténuer à bien faire et surtout à écrire en vers :

> Il se tue à rimer, que n'écrit-il en prose?

Pourquoi non, en effet, si le public s'en contente. Il faut avouer qu'il ne s'en contente pas seulement, mais qu'il s'en réjouit. On ne peut pas tout dire en vers, même depuis Victor Hugo. Le vers ne se prêtera jamais à toutes « les cocasseries » de l'imagination contemporaine. Imaginez, si vous pouvez, de quelle poésie on pourrait bien habiller *Mon oncle* ou *Trois femmes pour un mari* ou même *Les deux timides*, et *L'affaire de la rue de Lourcine*. De quelles douces joies on aurait privé le peuple français si

on l'avait condamné à n'entendre que des vers !
Les auteurs, eux aussi, n'y auraient point gagné ;
la prose seule aujourd'hui « fait de l'argent ».
Corneille, qui se déclarait énergiquement « soûl
de gloire », venait à pied de Rouen à Paris pour
y chercher cinq cents francs, sa part d'auteur ; et
la pièce s'appelait *Horace*. Il faut citer des
chiffres à nos gens positifs. Qui se contenterait
aujourd'hui d'un pareil dividende, fût-ce pour un
acte applaudi à Déjazet ? Tous les chefs-d'œuvre
réunis du dix-septième siècle ont été, pour leurs
auteurs, d'un moindre rapport que la seule *Théodora*. Si Molière a fait fortune, c'est surtout
comme directeur d'un théâtre.

La différence des temps et aussi celle des
publics n'ont pas seules contribué à la décadence
de la poésie au théâtre. Au premier rang des
causes qui l'ont précipitée depuis trente ans, il
faut mettre la poétique contemporaine. Victor
Hugo, trouvant à bon droit le vers classique, tel
que l'avaient fait les pâles imitateurs de Racine,
impuissant à traduire de vraies pensées et à soutenir l'inspiration d'une poésie réelle, essaya de
le transformer, de lui donner à la fois plus d'ai-
sance et plus de vigueur. Il le brisa et aux combinaisons rythmiques du passé il en ajouta
d'autres qui, pour la plupart, sont heureuses. A

ceux qui se plaignaient qu'il eût désarticulé le vers, dérouté l'oreille et fait du vers ainsi brisé une ligne de prose tourmentée, il répondit en exigeant la rime riche comme une condition essentielle de l'alexandrin nouveau. Lui-même donna l'exemple, mais il ne s'astreignit jamais, les *Feuilles d'automne* et *Hernani* en font foi, aux règles étroites dans lesquelles se sont emprisonnés les Parnassiens. La préface de *Cromwell* avait été le manifeste des Romantiques. Le *Traité de poésie française* de M. de Banville est le code des Parnassiens. Or, ce livre paraît souvent une gageure contre le bon sens. On y lit « que l'imagination de la rime est, entre toutes, la qualité qui constitue le poète », « qu'on n'entend dans un vers que le mot qui est à la rime », « que, sans consonne d'appui, il n'y a pas de rime et par conséquent pas de poésie ; que le poète consentirait plutôt à perdre en route un de ses bras ou une de ses jambes qu'à marcher sans la consonne d'appui. » Des éléments rythmiques du vers, de ce qui le constitue vraiment chez nous comme partout, M. de Banville ne dit rien ou peu de chose. La rime et à la rime la consonne d'appui, voilà toute la poésie française. Quand Socrate dit à Xantippe :

> ... Que ton cœur pour le bien s'évertue,
> C'est admirable; mais vouloir être battue
> Devant tous, apporter même un bâton, cela,
> Ma femme, c'est tomber de Charybde en Scylla.

j'ai peine, malgré la rime riche, à reconnaître là des vers. On n'écrit de la sorte que de parti pris; pour produire de tels effets il n'est pas besoin d'être poète, ni d'avoir de l'oreille; c'est ainsi qu'au collège nous avons tous fabriqué, moins la rime, des hexamètres latins.

Voici maintenant de beaux vers :

> Soyons tels que, le jour où le trépas rapide
> Viendra prendre Alcamène ou le jeune Euripide,
> On ait assez parlé de ce grand citoyen
> En écrivant de lui : c'est un Athénien.
> Les dieux, dont la colère agite ma parole,
> Nous regardent, baignés d'azur, sur l'Acropole :
> A l'œuvre donc, vous tous, pinceau, lyre, ciseau,
> Et toi qui fais le fil pourpré, savant fuseau !
> Semons le blé, faisons grandir la fleur et l'arbre,
> Chantons les demi-dieux géants, taillons le marbre,
> Et gardons la pensée austère de nos morts,
> Car, étant les plus grands, nous serons les plus forts.

Comptez, s'il vous plait, les consonnes d'appui. Elles n'y sont pas plus communes que dans Racine, ou même dans ce Boileau que M. de Banville maltraite si fort. Il suffit d'avoir quelque mémoire et de réciter tout haut des vers du *Lutrin* pour remarquer que Boileau n'était pas un si médiocre « sonneur » d'alexandrins. Il savait, lui aussi, varier « ses coupes » et ne mérite pas le reproche que Gilbert faisait à Voltaire d'avoir écrit

> ... des vers tournés sans art,
> Seuls et jetés par ligne exactement pareille,
> De leur chute uniforme importunant l'oreille.

Et ce ne sont pas là, qu'on le remarque, de minces détails. A toutes les époques de décadence, et chez tous les peuples, la poésie s'est attardée à des riens; quand on se préoccupe de bagatelles et qu'on s'y épuise, on n'est plus de force à traiter les grands sujets. On peut bien écrire une odelette ou quelque vague rêverie, à la mode d'aujourd'hui, en s'imposant l'obligation de la consonne d'appui, mais dès qu'on veut faire une comédie, même en un acte, on est forcé de se donner à soi-même, et à chaque page, d'éclatants démentis. C'est pour s'être ainsi perdue dans d'insipides détails que la poésie parnassienne n'a rien produit de vraiment grand; le plus illustre de ces lyriques a écrit un poème philosophique en sonnets, et si M. Coppée s'est élevé très haut dans *Severo Torelli*, ç'a été en s'affranchissant des procédés de l'école. Tandis que nos poètes se rognaient les ailes et rendaient stériles d'éminentes qualités, tandis qu'ils se donnaient beaucoup de mal pour torturer, pour déformer la langue et pour l'obliger à bégayer des mièvreries ou des sonorités vides, la prose leur fermait toutes les issues, et les réduisait à n'avoir plus guère pour public qu'eux-mêmes. Or, cette défaite de la poésie a eu, dans la littérature tout entière et surtout au théâtre, les plus graves conséquences; c'est la morale et l'art qui sont menacés ensemble et qui pourraient bien entraîner dans leur ruine le théâtre lui-même.

C'est une chose difficile, chez nous, de parler de la morale; on a l'air de prêcher. Si l'on veut bien encore entendre un prédicateur, c'est à Notre-Dame, et il faut qu'il soit bon. On ne déclame plus guère que dans les clubs; prêcher la morale, au boulevard, ce serait pure niaiserie. Il ne s'agit ici que d'une morale relative, celle du théâtre. Croire qu'il puisse corriger les mœurs, dit Voltaire, c'est « une idée de curé ignorant »; il faudrait au moins qu'il ne s'appliquât pas à les pervertir, qu'il nous soulevât un peu vers l'idéal, et qu'il ne tendît pas nos nerfs jusqu'à les rompre, sous prétexte de nous émouvoir.

Je touche, ici, au plus redoutable des obstacles qui se dressent devant la poésie. Le public s'est habitué à des peintures, à des mœurs, à des situations que les vers n'exprimeraient qu'avec peine. Sous prétexte de réalisme ou de réalité, nous avons assisté à des scènes étranges au delà desquelles il n'y a rien que des choses qu'on n'a pas vues au théâtre depuis les Romains. Tantôt c'est une tentative de viol, tantôt ce sont des gestes et des paroles où l'esprit n'a plus de part; « c'est le corps qui parle au corps ». Lorsqu'au quatrième acte de *Sapho*, Fanny cherche à reprendre Gaussin qui l'avait quittée, « lorsqu'elle l'étreint de ses yeux, de son souffle avec des caresses enfantines, les mains sur sa figure, dans ses cheveux, sur sa bouche » lorsqu'elle lui dit: « Ne dis pas que c'est fini. Attends ; laisse-toi aimer. Tu le regretterais. Crois-tu que cela se retrouve deux fois dans la vie, d'être aimé comme je t'aime ! Oui, oui... tu partiras, tu te marieras, mais plus tard ! Tu as le temps ! Tu es si jeune ! Nous n'avons pas encore épuisé toutes nos joies, toutes nos ivresses... Deux ans, qu'est-ce que c'est que ça ! Souviens-toi comme nous avons été heureux ! Nous le serions encore, si tu voulais... Dis?... Tu te détournes, tu ne m'écoutes pas... Oh ! je voudrais dormir, et que tout ça ne soit qu'un rêve ; » je ne vois dans ces gestes désordonnés et dans ce langage de courtisane, qu'un

« cas pathologique ». Je ne suis pas touché de la douleur de cette femme, car je sens qu'elle se consolera dans les bras du premier venu. Quant à Gaussin, de telles contorsions et de telles images devraient lui faire monter la honte au front et lui donner la force de consommer son sacrifice. Tout cela est vrai, mais le public, pourtant, n'est pas si rebelle et s'il a du goût pour de tels tableaux, je ne suis pas sans inquiétude pour les poètes. La poésie ne se conçoit pas dans certaines bouches et il est des choses qu'elle se refuse à dire. Elle choisit ses personnages comme aussi ses pensées et ses paroles. Alfred de Musset, dans un article sur la reprise de *Bajazet*, a très bien indiqué le caractère de réserve et de chasteté qui est particulier à la poésie. « Racine, dit-il, avait dans l'âme un certain instinct de la beauté et de l'idéal qui ne s'accommode pas d'héroïnes tigresses. Celui qui passe une heure à polir un vers n'y fait pas entrer une idée honteuse; si sa pensée est cruelle, il sait l'adoucir; ardente, la purifier; amoureuse, l'ennoblir; jalouse, la sonder sans trouble; sublime et chaste, l'exprimer simplement; s'il a à peindre une Roxane, il la peindra, n'en doutez pas, et sans qu'un trait manque au tableau; mais chaque trait sera tel que nulle autre main que la sienne ne l'aura pu

dessiner ; et de cette main le cœur en répond. »
Mais sans plus parler des filles qui encombrent
notre théâtre, comment entretenir en vers le
public de tous ces agents d'affaires véreuses, de
ces banqueroutiers frauduleux et de ces coquins
et coquines étrangers ou français qui tiennent
aussi tant de place sur nos scènes. Il est évident
que la poésie ne peut pas aspirer à remplacer
partout la prose ; il faut qu'elle lui laisse le soin
d'explorer, de purifier si l'on veut, ces coins honteux de nos sociétés civilisées. Le domaine des
poètes reste encore assez large. « Aujourd'hui,
disait en 1838 Alfred de Musset, le drame est naturalisé français ; nous comprenons Gœthe et
Shakespeare aussi bien que Mme de Staël ; l'Ecole
nouvelle n'a encore, il est vrai, produit que des
essais, et son ardeur révolutionnaire l'a emportée,
comme dirait Molière, un peu bien loin ; mais
nous ferons mieux plus tard et le fait reste accompli. » Or, à cette époque, V. Hugo avait fait
jouer ses meilleurs drames. Qui osera tenter de
faire mieux ? Qui débarrassera la scène des oripeaux du romantisme ; qui créera une action
mieux ordonnée et des caractères plus vrais ; qui
entreprendra, tout en retenant les qualités maîtresses de cette langue sonore, d'en adoucir les
accents criards et d'en élaguer les métaphores

trop lyriques? Voilà, certes, une belle tâche et digne de tenter un poète. Et la comédie est-elle donc si définitivement usée? n'est-il pas possible de faire la guerre aux vices d'aujourd'hui dans des vers fermes et sensés? La société, qui se renouvelle sans cesse, ne renouvelle-t-elle point aussi ses travers et ses ridicules? La matière, certes, manque moins que les bons ouvriers. Nous avons pour nous l'expérience que les romantiques de 1830 n'ont jamais acquise; nous savons comment et pourquoi ils se sont souvent trompés; leur audace seule, cette audace qui les poussait à tout entreprendre et à ne se rebuter d'aucun échec, manquerait-elle à la génération nouvelle? Nous n'avons pas comme eux une langue à créer et un public hostile de parti pris à dompter.

. Si la morale est intéressée à la renaissance de la poésie au théâtre, la littérature en général, et surtout la prose n'y perdraient pas. La poésie et la prose se soutiennent et s'excitent mutuellement. Après les pages éclatantes de J.-J. Rousseau et de Chateaubriand, il n'était plus permis à la poésie de rester dans l'ornière où la retenaient Delille, Luce de Lancival, Fontanes et tant d'autres. Lamartine, Victor Hugo et un peu plus tard Alfred de Musset l'élevèrent à la hauteur de la prose. Or la prose, au théâtre surtout, a besoin d'être sans cesse excitée par le voisinage de la poésie. Si le théâtre a ses conditions particulières de style, encore faut-il qu'il ait un style. Quand on suit de près les manifestations de l'art dramatique des maîtres jusqu'aux plus humbles, on s'aperçoit vite que le souci du style n'est pas la préoccupation dominante des auteurs. Si M. Augier se sert d'une langue vigoureuse, rapide et d'un tour bien français ; si M. Dumas excelle à condenser la pensée et à donner à la prose la précision des bons vers, on pourrait, sans chercher beaucoup, citer tels auteurs célèbres qui se préoccupent peu de la forme. M. Scribe, au dire de M. de Banville, avait, au plus haut point, le don de ne pas rimer ; est-il téméraire d'avancer que, parmi nos auteurs applaudis, plusieurs ont le don de ne pas écrire ? Imaginez seulement, au lendemain de *Hernani*, même de *Ruy Blas*, une première représentation de *Théodora* : quelle comparaison et quelle chute ! Et si, chez des maîtres ou prétendus tels, le dédain de la forme est poussé si loin, que feront donc tant d'auteurs qui n'ont à contenter qu'un public facile, prêt à tout accepter, ce public que d'invraisemblables quiproquos et des calembours hébétés font rire d'un rire si épanoui. Ce que le théâtre tout entier gagnerait à élever très haut son idéal est facile à comprendre. Chacun, des premiers aux derniers, serait excité à bien faire ; il faudrait pour prendre rang montrer quelques qualités sérieuses. Les littératures, Voltaire l'a très bien remarqué, périssent surtout « par la facilité de faire et par la paresse de bien faire ». Et ce n'est pas le théâtre seul qui tirerait profit d'une telle tentative. La poésie lyrique qui va s'enfonçant chaque jour dans l'incompréhensible ou qui cherche ses succès dans le scandale et le tapage, cesserait de parler la langue « décadente » dont elle se glorifie, si l'on entendait souvent sur la scène de vrais vers. Si le public apprenait au théâtre à aimer un langage ferme et franc, il se trouverait des poètes lyriques pour le servir à son goût.

Devons-nous compter sur une renaissance de la poésie au théâtre ? Il serait bien difficile de l'affirmer. Les pessimistes prétendent que l'art, chez tous les grands peuples, après s'être élevé très haut, descend sur une pente qu'il ne remonte jamais. Ceux qui essayent de s'opposer à sa chute sont brisés sans profit ; le public inconsciemment favorise cette décadence. Est-il si malade, chez nous, que toute nourriture vraiment saine et solide lui donne du dégoût ? Je ne le crois pas.

L'ancien répertoire (la comédie toujours et la tragédie quand il se trouve de vrais acteurs pour la jouer) est très goûté, et les pièces nouvelles, en vers, ne sont pas si malheureuses. *Severo Torelli* a été l'un des grands succès de ces dernières années; le drame des *Jacobites*, malgré les réserves expresses de la critique, n'a pas été mal accueilli; si le plan n'est pas parfait, on se console en écoutant de beaux vers. Où se prendra-t-on dans nos pièces en prose quand le sujet est manqué ? Les directeurs eux-mêmes font d'assez bonnes affaires à maintenir très haut leur théâtre. M. Porel, qui fait de l'Odéon une scène vraiment littéraire, est plus heureux que ses confrères du Palais-Royal qui donnent asile à tant de bouffonneries. On n'est donc pas si dur pour les poètes, ni pour les directeurs intelligents qui les accueillent. Le public de la Comédie-Française s'est montré, lui aussi, plus que bienveillant pour la poésie. Dans *Socrate et sa femme*, c'est le poète, M. de Banville, qu'il a acclamé bien plus que l'auteur dramatique. Tout n'est donc pas perdu. Les poètes, en tout cas, se doivent à eux-mêmes de tenter un retour offensif. Il n'est pas possible que dans une ville immense, où l'instruction est largement répandue, où l'esprit est sans cesse éveillé par la conversation, par les journaux, par les livres, par les conférences, il ne se trouve pas un public pour écouter, pour aider, pour soutenir ceux qui s'essayent dans les grands sujets. En tout cas, il est des genres où les demi-succès mêmes sont honorables. La médiocrité aura beau dire et beau faire, il y aura, longtemps encore, comme le voulait Voltaire, des distances entre les genres. La *Marseillaise* et le *Rhin Allemand* seront toujours de plusieurs degrés au-dessus de nos chansons patriotiques de café-concert. A parler franc, mieux vaut avoir fait les *Jacobites* que *Georgette*, *Conte d'avril* qu'*Un duel s'il vous plait*, et *Cynthia* que *Mon oncle*. Les recettes peuvent être moindres, mais l'honneur est plus grand; et c'est encore quelque chose, chez nous.

LE MONOLOGUE

Le monde 'es lettres a ses épidémies; elles durent d'autant moins qu'elles sévissent d'abord avec plus de violence. Dans le déclin du mal on en cherche les causes : elles ne sont pas toujours faciles à trouver. Le monologue que nous avons connu robuste est déjà fort malade. Je me demandais à qui nous devions sa naissance; bien qu'on soit toujours fils de quelqu'un, il est hasardeux de se prononcer sur toute paternité. La filiation du monologue est, paraît-il, peu discutable. M. Coquelin aîné déclare qu'il est son père; il affirme, il est vrai, presque aussitôt, qu'il est plutôt son oncle. Ce sont là deux assertions inconciliables ; elles prouvent, après tout, que M. Francisque Sarcey n'est pas le seul homme au monde à qui il soit arrivé de se contredire. Je prends sur moi de trancher la question. M. Coquelin aîné est le père du monologue, et cet enfant aujourd'hui souffreteux a pour oncle M. Coquelin cadet. Il est donc né dans une joyeuse famille ; c'est grâce à ses parents qu'il a vécu ; ils lui ont prodigué leurs soins, et ils ne cesseront pas de veiller sur lui, car ils s'y sont engagés. C'est M. Coquelin aîné qui a fait ce serment et c'est un serment solennel. « Chaque fois que M. Sarcey criera : Le monologue meurt, il se trouvera un Coquelin pour lui répondre qu'il ne se rend pas. » Il ajouterait volontiers :

Et s'il n'en reste qu'un, je serai celui-là.

Le monologue n'est donc pas près de mourir, car MM. Coquelin, le ciel en soit loué, sont tous les deux bien vivants pour leur plaisir et pour le nôtre. On me permettra de ne point parler trop gravement d'une chose légère.

Si un enfant pouvait avoir deux pères, je dirais que M. Legouvé n'est pas étranger à la naissance du monologue ; seulement il y a travaillé malgré lui. M. Legouvé lit bien, et il a voulu apprendre aux autres à lire. Il a fait, si j'ai bonne mémoire, deux traités sur la lecture et sur la récitation.

(1) Les citations sont tirées du livre de MM. Coquelin : l'*Art de dire le monologue*. Ollendorff, éditeur.

Ces traités ressemblent à tous les autres en ceci qu'ils n'apprennent rien à personne, mais ils en diffèrent en cela qu'ils sont amusants et tout pleins d'anecdotes bien contées par un homme d'esprit. On s'est mis, un peu partout, à lire et à réciter. Les gens que la musique fatigue, mais qui l'écoutent par bon ton, ont trouvé cette nouveauté fort agréable. On s'adressait d'ailleurs aux maîtres, et il n'était pas sans charmes d'entendre bien dire le *Lac* et les *Etoiles*, la *Nuit d'octobre* et le *Souvenir;* les *Fantômes* et la *Tristesse d'Olympio*. La poésie pure n'est pas comprise par tous; on a donné vite une place aux récits dramatiques. La *Grève des Forgerons*, le *Naufragé*, la *Robe*, et dix autres poèmes bien connus ont fait les délices du public. C'était aussi de la littérature; il fallait autre chose à la foule, c'est alors que le monologue est né d'un souffle de M. Coquelin. Il a grandi d'abord sans mesure, car il portait en lui une sève puissante. Il avait juste autant d'esprit que la foule et il avait le genre d'esprit qu'elle préfère. M'emparer d'un mot cruel et dire « qu'il était bête et que c'était là sa force », ce serait dépasser ma pensée; il est bon pourtant de la faire entendre. Affirmons donc qu'il était vulgaire; cela seul expliquera sa rapide fortune.

La plupart des courts ouvrages qu'on nous donne, depuis quelques années, pour des monologues, ne méritent pas ce nom; ils ne remplissent aucune des lois du genre. Je n'y trouve nulle part le personnage unique qui se parle à lui-même; ce sont des récits, des contes, des historiettes, des satires, des discours, tout ce qu'on voudra, mais ce ne sont pas des monologues. Ils sont faits, il est vrai, de telle sorte qu'un seul acteur puisse les lire ou les débiter; le style, le ton, les réflexions, indiquent assez que le poète compte sur un interprète pour donner tout son prix à son ouvrage; tout cela cependant ne constitue pas le monologue. Le personnage qu'on nous présente ne raisonne pas avec lui-même; il ne traverse aucune crise; il n'a pas de résolution à prendre; il n'y a donc pas matière à monologue. Quand M. de Marthold, dans l'*Alliance*, met en scène une femme qui délibère avec elle-même au moment de se rendre à un premier rendez-vous et qui, tout bien pesé, reste chez elle, il fait un monologue. Transportez cette scène dans un drame, elle n'y sera point déplacée. Mais le *Billet de Mille*, *Ribaudon*, les *Tonneaux* et cent autres qu'on nous offre comme des-monologues, sont tout, excepté cela. Il ne faut pas s'étonner du petit nombre des vrais monologues; bien compris ce genre serait diffi-

cile ; il n'offrirait que fort peu de sujets et il serait
nécessaire pour les traiter d'avoir quelque talent.
On pourrait discuter certains cas de conscience ;
le personnage en scène, comme jadis Hercule,
aurait à choisir entre la Volupté et la Vertu. Je
ne sais pas si le monologue ainsi entendu serait
fort amusant ; il est certain, du moins, qu'il faudrait pour le bien faire des qualités qui manquent
à la plupart de nos modernes « monologuistes ».
Acceptons donc le monologue tel qu'il est, et
laissons à MM. Coquelin le soin de nous ensei-
gner tout ce qu'il doit être ; il n'a pas de secret
pour eux.

Que faut-il mettre dans un monologue ? M. Coquelin aîné y veut de la gaieté ; M. Coquelin jeune,
lui, aventureux comme tous les cadets, nous livre
la recette sans en chercher si long. « Pour faire
un civet, il faut un lièvre ; pour faire un monologue, il faut une idée cocasse prise dans l'humanité et basée sur une observation. C'est donc un
mélange de *fumisterie* et de réalité, de niaiserie
baroque, et de logique insensée qu'il faut mettre
dans ce qu'on appelle aujourd'hui le *Monologue
moderne*. » Pour être écrites en style de monologue, ces réflexions n'en sont pas moins précieuses. M. Coquelin a été entendu ; on nous a
prodigué les idées cocasses et le monologue lui-

même meurt accablé sous les niaiseries baroques auxquelles il s'est complu. Les gens sensés l'enterreront sans larmes, car il les a fait longtemps pleurer de pitié. Et pourtant le monologue « par sa *furia*, par son imprévu, ses déhanchements et ses soubresauts répond absolument aux besoins de notre époque », car il porte en lui du « picrate américain ».

Il est donc entendu que nos contemporains ne sauraient se passer du monologue ; il est fait à leur image et il a été créé pour eux. On le veut et je n'y contredis pas ; d'ailleurs il fait honneur à nos goûts littéraires. S'il « a écrasé la chansonnette », c'est, affirme M. Coquelin, « parce qu'il recèle dans sa forme et dans son fond une littérature que la chansonnette ignorera toujours ». Ceux qui nient le progrès ont des yeux pour ne rien voir, le monde marche et l'esprit ne reste pas immobile. La chansonnette a détrôné la chanson, le monologue a tué la chansonnette et il mourra, lui aussi ; la « scie » le remplacera et non sans avantage. Il ne faut pas désespérer de l'esprit français ; quand Victor Hugo baissa, le Parnasse contemporain surgit tout à coup ; aujourd'hui les décadents battent le pied du Parnasse et j'entends dire que M. Mallarmé lui-même est déjà menacé ; quelques jeunes gens le trouvent trop clair. La théorie du progrès continu est une belle chose, et une chose vraie !

Le monologue a ses variétés comme la tragédie. Il est triste, gai, indécis, vrai, excessif ; il se prête à toutes les fantaisies ; il revêt toutes les modes et, de quelque façon qu'on l'habille, il a bonne tournure. Ce serait pourtant une erreur de croire qu'on pût débiter le monologue triste, là où le monologue vrai conviendrait seul. « Il est important que le récitant s'exerce à sonder l'état intellectuel des salons ; il doit observer son auditoire et tâcher de pénétrer, sinon dans son âme, du moins dans sa rate. » Le *Hareng saur* est un monologue triste, il plaira « aux artistes et dans les ports de mer ». Pourquoi là plutôt qu'ailleurs ? Je n'en sais rien. L'œuvre n'est pas tellement délicate qu'elle ne puisse être appréciée partout.

> Il était un grand mur blanc — nu, nu, nu,
> Contre le mur une échelle, — haute, haute, haute
> Et par terre un hareng saur — sec, sec, sec.
> Il vient, tenant dans ses mains, — sales, sales, sales,
> Un marteau lourd, un grand clou — pointu, pointu, pointu
> Un peloton de ficelle — gros, gros, gros, etc.

Je ne suis pas un artiste, et Paris n'est pas encore un port de mer ; cependant, je comprends très bien ; j'avoue, il est vrai, que je ne m'amuse pas. C'est d'ailleurs, s'il est permis de faire un choix dans l'excellent, le monologue gai que j'aime le mieux. Je n'ose pas dire que j'en aie senti, à la seule lecture, la saveur attrayante, mais quand il est enrichi d'un commentaire par M. Coquelin cadet, le charme en est irrésistible. Je recommande à tous ceux qui ne lisent jamais les notes inutiles dont on surcharge les bons auteurs de se faire violence une seule fois. Le commentaire du monologue de M. G. Lorin, *J'aime les femmes*, est un chef-d'œuvre. Quiconque le lira aura du genre une haute idée ; s'il ne sait pas dire le monologue, c'est qu'il n'est pas né pour être un artiste. Personne ne s'entendra jamais, comme M. Coquelin cadet, à vous expliquer tout ce que renferment de sens ces quatre mots : *J'aime les femmes*. Il faut qu'on comprenne que vous les aimez toutes : les maigres, parce qu'elles font songer à Sarah Bernhardt, et parce qu'elles sont diaboliques ; les grasses, parce qu'il y a en elles beaucoup à aimer ; les blondes, parce qu'elles sont mignonnes ; les brunes, parce qu'elles sont affriolantes et les rousses, parce qu'elles sont « très Rubens ». Il convient, d'ailleurs, de n'aimer celles-ci qu'avec modération. Lisez tout et vous sentirez ce qu'il faut d'art, de passion, de souplesse et d'esprit pour bien dire le monologue. En vérité, je ne m'en doutais pas.

Le monologue est-il un genre littéraire ? M. Coquelin aîné l'affirme et je l'en crois sur parole : j'ai lu, en effet, plus de cent monologues et je n'ai rien rencontré qui ressemblât à de la littérature. Il paraît, pourtant, que plusieurs sont des chefs-d'œuvre ; l'avenir les lira et ils déposeront en notre faveur. Quand nos petits-neveux, dégoûtés par la malpropreté des romans naturalistes, seront tentés de nous condamner, ils se souviendront que nous avons inventé le monologue et nous serons absous. Si M. Zola a fait *Nana*, M. Cros a fait le *Hareng saur* ; ceci rachète cela. Le monologue est le dernier mot de la gaieté française, comme le roman naturaliste est l'expression suprême de la grossièreté gauloise. Celui-ci descend de Rabelais, là où il va bien au delà du pire, et celui-là a pour ancêtre Scarron, quand il ne vaut rien, ce qui lui arrive ordinairement. « La blague existe, dit M. Coquelin, et elle tend de plus en plus à devenir une puissance sociale, il est naturel qu'elle ait son expression littéraire. Le monologue en est une ! » Hélas ! oui, « la blague existe ». Reconnaissons même qu'elle régit le monde ; c'est elle seule qui fait le fond des discours socialistes ; elle s'étale avec impudence dans les journaux, le théâtre en vit et elle est devenue épique dans nos romans. Si elle n'a pas encore chassé Corneille et Racine de la scène, ce n'est pas la faute de M. Coquelin. Elle cherchait une forme plus parfaite, quelque chose d'agile qui lui permît de courir partout et de se prodiguer; elle a trouvé le monologue et il est fait à souhait pour l'âme qui l'habite.

Les choses excellentes, en tout genre de littérature, sont difficiles à faire et elles sont rares; on en rencontre pourtant. Nous avons des tragédies qui sont des chefs-d'œuvre et des comédies qui valent nos meilleures tragédies; nous avons aussi de très bons romans. A côté des œuvres accomplies on peut en montrer d'estimables. Le monologue, lui, bien qu'il ait été cultivé par des gens d'esprit, n'a rien produit de vraiment achevé. Ceux qui ont le mieux réussi dans ce genre bâtard, MM. Normand, Paul Bilhaud, Grenet-Dancourt, se sont fait connaître au théâtre ou dans la presse par des travaux qui valent mieux que leurs monologues. Ils ont été applaudis dans les salons et même à la scène; leurs succès, pourtant, ne m'en imposent pas. Toute œuvre théâtrale qui ne saurait se passer d'interprètes est une œuvre médiocre; elle peut amuser un moment, mais elle ne compte pas; la lecture est l'écueil contre lequel se brisent nos monologues. Les meilleurs, eux-mêmes, reposent sur une « idée cocasse », et c'est le secret de leur faiblesse. Les *Écrevisses*, la *Chasse*, sont assurément parmi les bons. On ne peut se défendre de rire en les écoutant; mais enlevez-leur la collaboration de l'acteur, qu'en reste-t-il? Qu'un vieux garçon nous raconte qu'il a dévoré son patrimoine à faire des soupers fins en mauvaise compagnie, cela ne nous étonne guère; c'est, en effet, une folie assez commune; mais que ce vieux garçon se présente à nous sous l'aspect d'un marguillier, nous rions de bon cœur; n'est-il pas vrai, pourtant que c'est l'interprète surtout qui nous réjouit? Qu'on fasse, après dîner, dans un salon, l'éloge des bêtes, avec de malignes intentions contre les hommes, si l'acteur est ingénieux, nous accueillerons avec joie des arguments fort peu solides :

> Les cailles sont-elles coquettes?
> Ruinent-elles leurs époux,
> Mesdames, avec leurs toilettes,
> Ainsi que vous le faites, vous?
> A-t-on jamais entendu dire
> Qu'un lièvre eût porté quelquefois
> Cette... couronne... du martyre
> Qu'à tant de vos maris je vois?
> . . . .
> Les animaux ont-ils des dettes?
> A leur logis rentrent-ils tard?

> Voyez-vous des perdrix seulettes
> A minuit sur le boulevard ?

Il se peut que ce monologue comique finement débité par M. Coquelin aîné amuse fort des gens d'esprit; le fond n'en est pas moins très léger. Si la nature nous avait, comme elle a fait pour les cailles, pourvus d'une robe qui nous mît à l'abri du froid en hiver et de la pluie en été; si nous étions, comme les lièvres, libres de nous marier à chaque saison, et s'il nous suffisait, comme à la plupart des animaux, d'ouvrir la bouche pour nous rassasier, l'on ne verrait ni coquettes, ni dandins, ni débiteurs insolvables, ni « perdrix seulettes à minuit sur le boulevard ». Je n'insiste pas, car l'auteur sans doute n'est pas dupe, non plus que le public. Ce qui est vrai de ces deux monologues ne l'est pas moins de la plupart des autres. Je cite ceux-là, parce que MM. Jacques Normand et Grenet-Dancourt ont, l'un et l'autre, beaucoup d'esprit. M. Jacques Normand s'est essayé avec succès dans plus d'un genre, et M. Grenet-Dancourt est l'homme de France qui a le plus égayé les Parisiens pendant ces dernières années. Ils ont tiré du monologue tout ce qu'il pouvait donner et, à parler net, c'est peu de chose. Aussi, quand M. Coquelin aîné prétend

« qu'on rééditera les monologues dans les bibliothèques elzéviriennes de l'avenir et que quelque Sarcey du xx° siècle se fera une place parmi les quarante futurs par des travaux approfondis sur le *Hareng saur* de M. Cros, ou les recueils tintamarresques dédiés par Pirouette aux convalescents », j'avoue que je ne suis pas de son avis; j'espère mieux de la future Académie. S'il se rencontre, au siècle prochain, un critique très franc, comme M. Sarcey, il sera sans pitié pour les académiciens qui recevront les commentateurs de nos monologues et il n'aura nul souci de leurs suffrages. Il me semble que M. Coquelin se laisse aveugler par sa tendresse paternelle; le cas n'est pas rare;

Je suis père, seigneur, et faible, comme un autre.

Je m'aperçois que je cite un vers de tragédie à M. Coquelin et je m'en repens.

A vrai dire, qu'il soit triste, gai, indécis, vrai ou excessif, le monologue est rarement tolérable. Il n'est point comique, et l'esprit qu'il veut avoir gâte celui qu'il a. Il n'a jamais connu l'art de la bonne plaisanterie; car la cocasserie n'est pas l'esprit, et il se pourrait que « la blague » ne fût qu'une des formes de la sottise. Si le monologue était spirituel, il eût été moins goûté. L'esprit, celui qui n'est que la raison aiguisée, ne court pas les rues; la foule n'en fait aucun cas; il lui échappe et elle ne se laisse prendre qu'à ses apparences. Ce qu'elle aime, au fond, ce sont les drôleries, elles varient comme les modes; le boulevard les voit naître et elles vivent peu. Quand on relit, après dix ans, maints articles réputés spirituels, on est surpris de l'ennui qu'on éprouve. Le monologue est plein de cet esprit peu durable; c'est par lui qu'il a vécu, mais c'est par lui aussi qu'il mourra; le souci de faire rire toujours est le défaut du monologue, et il n'est pas de défaut plus agaçant. Un personnage de comédie nous distrait et ne se croit pas comique, le héros du monologue est un diseur de bons mots; il prépare ses effets et il a toujours l'air de réclamer des applaudissements. Ce genre est incompatible avec le naturel; il est condamné à outrer toute chose et il ne met en scène que des nigauds. Il est dur pour un auteur de passer son temps à faire parler des imbéciles, et je plains l'acteur qui leur prête son visage et sa voix.

MM. Coquelin qui sont des écrivains qu'on peut estimer aiment-ils si fort cette littérature? Ils jouent Molière, Regnard et les meilleurs de nos contemporains, en hommes qui les comprennent;

ils ont donc de l'esprit et du goût. J'en conclus qu'ils n'admirent que médiocrement le monologue. Mais ils sont acteurs, et tout acteur recherche avant tout les applaudissements. Quand on interprète Molière, quelque bonne opinion qu'on ait de soi-même, on ne peut pas s'attribuer tous les bravos du parterre ; l'auteur en a sa part. Lorsque MM. Coquelin disent des monologues, ce sont eux seuls qu'on applaudit ; personne ne s'inquiète des auteurs, on ignore le plus souvent jusqu'à leurs noms ; et c'est justice. L'auteur, en effet, ne fournit rien qu'une matière informe ; c'est l'acteur qui souffle sur elle et qui lui donne la vie ; c'est à lui que revient tout l'honneur. C'est là, sans doute, l'explication de l'accueil que les comédiens ont fait au monologue. Grâce à lui chacun d'eux trouve dans les salons des succès faciles ; chacun a son petit théâtre ; il s'y produit seul, et il est sûr de plaire. La critique n'est point admise à ces fêtes intimes ; quand on l'y convie, c'est en hôtesse résignée à tout louer ; elle s'y prête volontiers, car elle est aimable et elle s'est fait de l'admiration une douce habitude.

Que les acteurs aiment à dire des monologues, je le comprends sans peine ; qu'il se rencontre des auteurs pour en faire, je ne m'en étonne pas : chacun écrit ce qu'il peut. Je crois pourtant qu'acteurs et auteurs, je parle des bons, n'ont rien à gagner à cette littérature. La langue du monologue n'est pas celle du théâtre ; son esprit est, en tout, le contraire de celui qui plaît à la scène ; à le cultiver longtemps, on risque de se gâter pour jamais. Le geste qui convient au monologue « ce déhanchement, cette furia » dont se réjouissent les salons, seraient déplacés au théâtre. Il n'est pas bon qu'un interprète de Molière nous rende trop souvent M. Cros. Il risque de mettre là ce qui plaît ici, et nous ne voulons pas du « cocasse » à la Comédie-Française ; c'est le comique que nous allons y chercher. Auteur dramatique, je craindrais d'avoir pour juges des diseurs de monologues ; je ne serais pas sûr d'être toujours entendu aux bons endroits. Dans ces derniers temps, si des pièces, qu'on aurait pu jouer ailleurs, ont été représentées dans la maison de Molière, ne serait-ce point parce qu'elle donne asile à trop d'amis du monologue ? Certaines gens trouvent que Corneille et Racine ont vieilli ; plusieurs même s'accommodent à peine de Molière et tiennent pour l'esprit nouveau. M. Claretie a, pourtant, bien fait de résister à ces gens-là et le public a eu raison de le soutenir. Il est permis d'admirer le monologue, mais on peut le dire à Belleville ou à Grenelle, et c'est au Théâtre-Français qu'on doit jouer *Athalie*, *Polyeucte* et le *Misanthrope*.

Il faut pourtant rendre justice au monologue ; il est rarement obscène, et le mérite est rare, en ce temps-ci. S'il s'y mêle parfois quelque gravelure, c'est l'exception. Je ne prétends pas qu'il prêche la morale, il me suffit qu'il ne s'attache pas à préconiser le vice. Malgré le soin jaloux qu'apportent à nous corrompre nombre de poètes et de romanciers et malgré l'appât des bénéfices qu'ils tirent de cette jolie besogne, la littérature théâtrale résiste, en partie, à cette tentation malpropre. La comédie, si rudement condamnée par les prédicateurs et par les moralistes, est, sauf quelques exceptions peu honorables, assez décente, et le monologue ignore les turpitudes auxquelles se plaît l'inconscience navrante de certains rimeurs et des jeunes naturalistes. La pudeur garde encore ses droits sur les hommes assemblés ; ce qu'on lit sans honte, on ne le supporterait pas à la scène. Si le monologue n'a produit aucun bien, du moins il n'a fait aucun mal, et je lui en sais gré. Quand on compare à maints contes et à maintes nouvelles nos monologues les plus légers, la morale en paraît irréprochable. On peut regretter que ce genre n'ait rien laissé de durable ; il faut se réjouir qu'il n'ait pas été souillé par certains manœuvres.

II

Le monologue est un produit parisien, comme la chansonnette ; c'est à Paris qu'il est né et c'est là seulement, si Paris n'était pas la plus inconstante des villes, qu'il aurait dû vivre et qu'il devrait mourir. Nulle part il ne trouvera pour le dire ou pour l'écouter un peuple ainsi disposé. C'est ici, mieux qu'ailleurs, que l'entente s'établit entre l'acteur et les spectateurs ; c'est ici seulement qu'on trouve cette voix, ce grasseyement, ces gestes, cette désinvolture, qui donnent au monologue toute sa saveur. Passé les fortifications, le monologue n'est plus que l'ombre de lui-même ; la province l'accueille, elle l'admire comme une plante exotique ; il s'est fait à son air, mais il a perdu toute grâce.

On a dit des Français « qu'ils n'ont pas la tête épique » ; on ne leur reprochera point de n'avoir que peu de goût pour le théâtre. Ils l'ont aimé de tout temps, mais jamais plus qu'aujourd'hui.

On ignore généralement à Paris ce qu'on a construit de salles de spectacle en province depuis vingt ans environ. Il n'y a guère de bourgade de deux mille habitants qui n'ait la sienne. Les acteurs ne manquent pas; il faut donc croire qu'ils trouvent un public. Mais ce n'est pas seulement dans les théâtres qu'on donne des représentations; à des salles qu'il faut louer cher, éclairer, décorer souvent, les acteurs ambulants préfèrent les cafés. L'entrée en est gratuite et les artistes n'ont d'autre rétribution que celle qui leur est faite par la générosité des spectateurs. Chaque café, dans les petites villes, devient de temps en temps un théâtre, et c'est par de tels théâtres que le peuple est initié à la littérature; il ne s'agit pas, on le pense bien, d'une littérature de choix; la chansonnette et le monologue en font tous les frais. Si le monologue a tué la chansonnette à Paris, en province ils vivent côte à côte, et en bons parents. Chaque artiste chante et récite. La chansonnette se contente d'un filet de voix, et tout homme qui parle peut débiter un monologue. Le public n'est pas difficile. On lui sert d'abord la chansonnette grivoise; elle dit tout ce qu'une pudeur peu farouche permet d'entendre, et le geste fait comprendre le reste. Le monologue vient après; on l'écoute comme un morceau de littérature ; plus il est niais, plus il est goûté. On ne s'inquiète pas de savoir si l'artiste a saisi les intentions de l'auteur; il suffit qu'il soit drôle et qu'il prodigue les gestes et les grimaces. La chansonnette et le monologue peuvent se dire partout ; il n'est que faire, pour chanter l'une ou pour réciter l'autre, de décors ou de costumes. Ils sont courts, le public entre et sort à sa guise ; il n'a besoin pour s'amuser d'aucune attention sérieuse; on lui offre en deux heures tout ce qu'il veut. La chansonnette est gaie, larmoyante, amusante, patriotique tour à tour, et le monologue n'est pas moins varié; mais c'est le monologue excessif, je le dis pour déplaire aux détracteurs de M. Cros, qui est le mieux accueilli. Avec une vingtaine de chansonnettes par saison et dix ou douze monologues, les artistes peuvent se risquer partout. Ils voyagent par petites troupes de quatre personnes, deux hommes et deux femmes. Les hommes viennent on ne sait d'où ; ce sont des acteurs dont on ne veut même plus dans la moindre sous-préfecture; quant aux femmes, la plupart n'ont adopté ce métier-là qu'assez tard, à un âge où il leur était difficile d'en faire un autre avec quelque profit. Le soir, elles n'ont pas, pour dissimuler les ravages du temps, le lointain des scènes de Paris. Rien ne peut effacer leurs rides et le fard ne les embellit pas, mais le public est si indulgent! Il vaut mieux ne point parler des voix.

La province, bien que l'imitation de Paris la gâte de plus en plus, n'a pas encore contracté jusqu'à la fureur la fièvre des nouveautés. Le drame, tel qu'il se jouait vers 1830, est encore florissant dans nombre de villes, et l'on ne représente guère autre chose dans nos chefs-lieux de canton. Jamais un directeur, dans telle ville de province que je connais bien, ne s'aviserait de donner, un lendemain de Pâques ou de Pentecôte, quelque comédie nouvelle; le vieux drame seul « fait de l'argent ». Quand on joue la *Grâce de Dieu*, le *Sonneur de Saint-Paul*, ou la *Voleuse d'enfants*, les abords mêmes de la scène sont envahis et chacun verse de vraies larmes. On ne s'occupe ni des décors primitifs, ni du jeu enfantin des acteurs; le public est tout à la pièce. Un poteau avec une inscription tiendrait lieu de forêt ou de maison qu'il ne s'en plaindrait pas plus que les contemporains de Shakespeare. C'est à ce peuple, c'est à des spectateurs plus naïfs encore, puisqu'ils vont les chercher jusque dans les villages, que s'adressent aujourd'hui la chansonnette et le monologue. S'ils meurent à Paris, ils sont nés d'hier dans la province et l'on y vit longtemps. MM. Coquelin n'ont donc pas à trembler pour le monologue; quand on l'aura chassé des scènes et des salons de Paris, il n'en sera pas moins florissant de Nice à Dunkerque. Les interprètes ne lui feront jamais défaut et le peuple français aimera toujours les belles-lettres.

Que le monologue vive en province ou qu'il y meure, littérairement il importe assez peu. Le jour où il cesse d'être en faveur à Paris il a fourni toute sa carrière. Né d'un caprice, il en a eu la durée éphémère comme ces modes que le printemps voit naître et qui s'en vont avec la chute des feuilles. Tout passe vite chez nous; on n'a pas encore trouvé de remède à la fièvre qui nous agite et qui nous brûle le sang. Le naturalisme, qu'on a vu conduire, avec tant d'arrogance, les funérailles du romantisme, est déjà tout vieillot. Quant à la poésie des décadents, elle n'est qu'un rêve d'enfants malades et elle en aura la durée. Rien ne résiste au vent de folie qui balaye la poussière sous nos pieds et qui fait tourner nos têtes. Il ne faut donc plaindre le monologue qu'avec modération. La raison, bannie de chez nous, a laissé le sceptre à qui veut le ramasser. Le monologue l'a saisi un moment, mais il était trop lourd pour lui. Je ne m'associe pas aux regrets de ceux qui l'ont aimé. Bien d'autres choses, et qui valaient celle-là, ont passé comme elle. Le drame, si superbe jadis, et si insolent sous la pourpre et sous les haillons, sous les haillons surtout, le drame n'a pas été plus heureux. *Lucrèce Borgia*, le *Bossu*, le *Sonneur de Saint-Paul*, ne se montrent plus qu'à la lueur de quinquets fumeux, dans des bourgades perdues. Il n'appartient qu'à peu d'ouvrages et à peu de gens « que le ciel chérit et gratifie » de paraître toujours jeunes et de ne lasser jamais ni les yeux ni les cœurs.

LE THÉATRE EN LIBERTÉ

Voici un livre que le public attendait sans impatience. Si Victor Hugo s'était tu après les *Misérables*, par exemple, l'apparition d'un volume d'œuvres posthumes piquerait vivement notre curiosité. Mais le *Théâtre en liberté* vient après le *Pape*, la *Pitié suprême*, l'*Ane*, les *Quatre vents de l'esprit*, *Torquemada* et d'autres; or, nous savons de reste que Victor Hugo comme Corneille, et toutes proportions gardées, a eu, lui aussi, son déclin. Ce qu'il nous a donné nous mettait en garde contre ce qu'il nous laisse, et vraiment c'était à bon droit. Voltaire, qui a eu le tort d'écrire dans sa vieillesse les *Guèbres*, les *Lois de Minos*, et en général de faire des tragédies, se plaignait qu'on eût trop recueilli de bagatelles passagères « dans toutes les misérables éditions » qu'on a données de lui, et il ajoutait excellemment : « Soyez persuadé que de même qu'on ne doit pas écrire tout ce que les rois ont fait, mais seulement ce qu'ils ont fait de digne de la postérité, de même on ne doit imprimer d'un auteur que ce qu'il a écrit de digne d'être lu. Avec cette règle honnête, il y aurait moins de livres, mais plus de goût dans le public ». On ne peut pas dire que Victor Hugo ait eu autant de bon sens que Voltaire, mais, enfin, s'il avait négligé de publier nombre d'écrits, ce n'était point faute d'un éditeur, et c'est le cas de répéter « qu'on ne doit pas tirer de l'oubli de mauvais ouvrages que l'auteur y a condamnés ». Il se peut aussi, car il ne pensait pas de mal de lui-même, et il avait raison, qu'il ait prescrit de donner au public jusqu'à ses moindres lettres. Les journaux, qui nous ont fort entretenus de ses générosités dernières, n'ont pas, que je sache, éclairci ce point. Quoi qu'il en soit, le premier volume des œuvres posthumes vient de paraître; on nous en promet un autre pour le mois de mai, d'autres encore viendront après : le mal est inévitable, et il faut savoir s'y résigner. Essayons pourtant, puisqu'il s'agit de drames, de dire tout ce que nous pensons du *Théâtre en liberté*. Même asservi à certaines convenances, et réduit à subir les lois d'une raison peu exigeante, le théâtre de Victor Hugo n'est pas très bon : voyons si la liberté ne lui est pas tout à fait funeste.

Des sept pièces dont se compose ce livre étrange, la *Grand'mère* me paraît la moins mauvaise. Elle a sur l'*Épée* et sur *Mangeront-ils?* l'avantage d'être plus courte. Une femme, qui se dit « margrave en Prusse et duchesse en Hanovre », cherche, en compagnie de Herr Groot, « un vieux cagot » fort extravagant, son fils Charles, qui depuis dix ans se cache dans une forêt. Ce fils est un de ces révoltés superbes qu'aimait Victor Hugo.

> Monsieur est philosophe. Il fronde les abus,
> Il éclate de rire au nez des rois fourbus.
> Il veut penser, lui, prince ! Il veut jouer un rôle.
> On le jette à la porte. On fait bien. Va-t'en, drôle !

Ce frondeur s'est mésallié; il s'est laissé ensorceler « par une rien du tout ». La margrave, fière comme Saint-Simon, s'irrite surtout de ce mariage; elle est philosophe à la manière de Catherine II.

> J'ai l'esprit de mon siècle, et n'en fais pas mystère,
> J'écris de temps en temps à d'Alembert; Voltaire
> M'adresse des quatrains; ça ne m'empêche pas
> De faire aller mon peuple à la baguette.

Je ne puis m'empêcher d'observer que Voltaire adressait bien mal ses quatrains. Cette femme se désole surtout parce que son fils a trois enfants; elle pense comme fera plus tard Malthus. D'ailleurs elle parle de tout, de l'empereur, du roi, de Charlemagne et d'Attila; quant à son fils, elle veut « le fourrer en prison » et sa femme « au couvent ». S'ils résistent, elle a « une armée de dix hommes » pour les saisir. Quand elle a débité ces agréables propos devant la cabane où vit son fils, elle s'éloigne et l'on voit apparaître Charles, l'enfant révolté, avec sa femme, Emma Gemma. Ils s'entretiennent de leur amour et immédiatement les lys, les papillons, l'abeille, le thym, la lune, les étoiles et le soleil passent ou resplendissent dans leur langage. Emma surtout est fort réjouissante :

>   Ils ont mis leur habit de gala
> Tous ces buissons. Partout des fleurs. Vois le beau saule.
> La petite fait bien ses dents, elle est très drôle,
> Elle égratigne avec son petit doigt vermeil;
> Il me semble que Dieu m'a donné le soleil!
> Charles, j'ai le soleil.

Charles écoute gravement ces jolies choses, et il répond en commentant le *Contrat social;* Emma le console à sa manière :

> Tu n'es pas prince. Soit. Ni Habsbourg, ni Bourbon.
> Et moi, je ne suis pas un ange. C'est très bon
> D'être une femme. On a des enfants. Trop de gloire
> Ça gêne. Un ange vit sans manger et sans boire.
> Moi, je dîne, j'ai faim, tu sais comme je bois.
> Et j'aime bien manger des fraises dans les bois.
> Un ange est impalpable, il fuit, rien ne le touche.
> Un baiser, c'est bien doux. Si l'on n'a pas de bouche,
> Comment faire ?

Le cas est, en effet, fort embarrassant. Ils continuent ainsi longtemps, puis ils s'en vont comme ils sont venus, sans qu'on sache pourquoi. Herr Groot paraît alors avec les soldats, puis la margrave arrive; elle donne ses derniers ordres; sur ces entrefaites, entrent les trois enfants de Charles; la grand'mère les regarde; « ils jouent à la dame qui reçoit un monsieur ». Cette scène, qui fera sourire les gens sensés, touche la vieille margrave; elle embrasse son fils, sa bru et ses petits-enfants et elle leur donne le château qui s'élève auprès de leur chaumière. Il y avait là, tout au plus, la matière d'un conte; la disproportion entre le commencement et la fin est tout à fait choquante; ce sont de longs apprêts pour rien. On nous apprend que « cette pièce est la seule qui pourrait être représentée sur nos scènes telles qu'elles existent ». Il est à souhaiter qu'aucun directeur ne tente l'aventure.

Quant aux drames qui ne sont jouables qu'à ce « théâtre idéal que tout homme a dans l'esprit », non seulement on ne saurait pas les représenter, mais il est difficile de les lire jusqu'au bout. Je ne les analyserai pas, car ils échappent à toute analyse. Des personnages qui n'ont aucune vie réelle ou poétique, parlent avec une intarissable abondance, et ne disent rien du tout; et c'est ainsi toujours. Dans *Mangeront-ils?* Aïrolo, un bouffon ou un fou, qui pourrait expliquer en quatre mots ce qu'il est, le définit en deux cents vers et à peu près autant d'antithèses à des gens mourant de faim. Je ne sais pas si l'on rencontrerait, dans la littérature des nations, quelque chose d'aussi grotesque, et pourtant le poète trouve aussitôt le moyen d'être égal à lui-même. Zineb, une sorcière plus vieille que Guanhumara des *Burgraves*, débite, en sortant d'un évanouissement inquiétant, plus de deux cents vers d'une inutilité manifeste. C'était bien la peine de reprocher si durement à Racine le récit de Théramène. Rien, dans ce livre étonnant, n'est plus drôle que les amoureux. Je reconnais tout de suite que le langage de l'amour chez les poètes, quels qu'ils soient, diffère sensiblement de la réalité; nous l'entendons pourtant et il nous ravit. Il est tout à fait insupportable dans les œuvres dernières de Victor Hugo. Ses amoureux sont de beaux, de grands diseurs surtout; mais ils ne nous touchent point. C'est que Victor Hugo, romancier ou auteur dramatique, n'est au fond qu'un poète lyrique; il a l'enthousiasme, mais il ne réfléchit pas et ne pense jamais. Sensations et sentiments, tout aboutit à l'ode ou à l'amplification. Delille décrivait sans cesse, Victor Hugo est toujours sur le trépied; ce sont des défauts différents, mais ils se valent et je ne sais pas lequel des deux, à la longue, est le plus fatigant. Corneille, Racine, Shakespeare, Alfred de Musset, ont tiré de l'histoire ou de leur imagination des êtres qui vivent; on ne peut plus les oublier quand on les a vus; les héros de Victor Hugo n'appartiennent à aucun monde connu; ce sont des fantômes. Le temps est venu peut-être de dire enfin tout ce qu'on pense de ce théâtre. Mettre Victor Hugo à côté de Corneille, ce sera bientôt plus qu'une hérésie littéraire; on lui assignera sa vraie place, loin des maîtres et fort au-dessous même de Voltaire dont on a, et non sans raison, assez maltraité les tragédies dans ces derniers temps.

Si Victor Hugo poète de l'amour est loin d'être bon, il n'est rien de plus bizarre que Victor Hugo philosophe. Quand il sort des rêveries poétiques et qu'il essaye de dire, lui aussi, son mot sur l'énigme du monde, il n'est pas médiocrement drôle. Il cite, au hasard, tous les noms et tous les systèmes ; mais cet appareil scientifique cache mal le vide de la doctrine. Il s'égaye aux dépens de la philosophie, et il la harcèle de plaisanteries dont je ne sais pas s'il convient de rire ou de pleurer. Le *Théâtre en liberté* a son petit dialogue philosophique, il a pour titre : *Les Gueux*. Mouffetard, un mendiant en haillons, qui n'en est pas moins un philosophe, « celui-là probablement, dit le poète, qui plus tard a donné son nom à une rue », s'entretient avec le marquis Gédéon. Ce marquis, que l'infini tourmente, veut savoir le fond des choses. Il s'adresse donc à Mouffetard.

>   Je te vois là, rêvant,
> Et tu dois être, étant si pauvre, très savant ;
> Parle ! Que penses-tu de Dieu ?

Ce gueux, qui est très fort, reprend d'abord contre Dieu le vieil argument du mal physique et moral :

> L'enfer, c'est l'homme, hélas ! mouché par Dieu morveux

Quant à l'âme, il ignore ce qu'elle est, et même si elle est ; et il cite l'opinion de

> La belle Allyrhoé qui prouva qu'une femme
> Peut être, au pays grec comme au pays latin,
> Un sage d'autant plus qu'elle est une catin.

Sa conclusion est assez maussade :

> Point d'âme, c'est fort dur. Et peu de Dieu. Si peu
> Que le diable s'en sert pour allumer son feu.
> . . . .
> Moi je plains Dieu. Peut-être on le calomnia.
> Je voudrais l'opérer, il a pour ténia
> La religion : Rome exploite son mystère,
> Pauvre Dieu dont le pape est le ver solitaire.

Ce point embarrasse Mouffetard ; il l'avoue. Mais enfin ni la Chine, ni la Perse, ni Delphes, ni l'Inde, ni Bacon, ni Pascal, ni Descartes, n'ont apporté au problème de solution définitive, et bien que Mouffetard sache tout « et plus que tout », sur l'âme et sur Dieu, il veut bien convenir qu'il ne sait rien. Une seule chose existe, c'est le sexe, et il n'y a qu'un prodige : l'amour.

> ... Quand Bossuet restaure Montespan,
> Ce prêtre du dieu Christ obéit au dieu Pan.

Ève, Chloé, les marquises, Javotte, Manon et Lise, voilà tout ce qu'on trouve de sérieux sur terre ; le reste nous trompe,

> ... et les brelans, les messes,
> Les savants, les banquiers, l'amour vaut mieux que ça.

Les rois, la guerre, l'ouragan, le ciel noir et la mer font peur à Mouffetard; mais il se rassure, et si le sourire se mêle à ses terreurs,

> C'est que le gouffre est mâle et l'étoile est femelle.
> On s'épousera. Dieu ne serait qu'un faquin,
> S'il n'eût fait Colombine exprès pour Arlequin.

En somme, l'art suprême est de s'abêtir et de jouir le plus possible :

> Ah! n'ayons pas d'esprit; nous n'avons pas le temps
> Bornons-nous, et soyons des idiots contents.

L'incertitude est partout, une seule chose paraît à Mouffetard absolument incontestable :

> Voici le dernier mot de la philosophie :
> Toutes les femmes font tous les hommes cocus.

Scarmentado, qui n'était pas un philosophe, avouait son infortune et s'estimait heureux; il ne parlait que pour lui, ce qui, après tout, est permis. Mouffetard, lui, fait entrer tout le monde dans la confrérie; c'est un cynique et un narquois. Chacun est libre de proposer à ce problème des destinées telle solution qu'il lui plaît, mais il semble, après tout, qu'on devrait parler sérieusement d'une affaire aussi grave. Voltaire qui, dit-on, « n'a jamais su de quelles choses il faut rire et de quelles il ne le faut pas », s'est moqué, lui aussi, des philosophes ; mais il y a loin de cette spirituelle ironie aux sarcasmes grossiers d'un Mouffetard. La satire *des Systèmes* est un chef-d'œuvre de persiflage ; le dialogue *des Gueux* n'est qu'une débauche d'esprit et du plus mauvais. Ce n'est pas ainsi que Jouffroy et Alfred de Musset ont traité cette redoutable question.

La philosophie de Victor Hugo, si toutefois il a jamais eu une philosophie, a traversé tous les systèmes et ne s'est arrêtée nulle part. Elle est partie du spiritualisme, et voici que Mouffetard aboutit à ne reconnaître rien de vrai que « le sexe » ; la réalité palpable a en effet son prix. « Le sexe » est fort glorifié dans ce livre. Le dernier de ces drames bizarres est écrit tout entier pour prouver l'irrésistible attrait, je ne dis pas de la femme mais de la femelle. Denarius, le héros de la *Forêt mouillée*, est un misogyne ; il blâme

> Le bon Dieu d'avoir fait l'homme de deux morceaux,
> Dont l'un est une femme.

Les oiseaux et les fleurs lui font la leçon. Les oiseaux sont d'ailleurs charmants, et les fleurs sont exquises de bon ton. Le Hochequeue dit tout net aux arbres qu'ils ne sont que des académiciens ; le moineau les appelle perruques, il fait des jeux de mots de haut goût sur la Bruyère et sur Boileau ; l'ortie, qui n'est ni moins spirituelle ni surtout moins égrillarde, parle de Ricord, et une grue fait observer au vent qui ébouriffe ses plumes qu'étant femme elle a droit au respect. Denarius, cependant, s'encourage à rester philosophe ; la fable avait son prix,

> Quand Cybèle disait à l'homme enfant Dodophe,
> Lorsque l'humanité tétait son pouce...

Mais elle a perdu toute valeur depuis

> Que notre raison branle une tête caduque.

Il s'emporte ensuite contre les femmes et leur dit leur fait assez crûment :

> Leur fidélité fait rire sa rêverie ;
> Leur cœur compte dix, vingt, trente, cent ; jamais un.

Quand il a fini, les pierres, l'âne, les grenouilles, les fleurs, l'accablent d'injures ; lui, pourtant, ne s'en fâche pas, il demande aux fleurs d'être ses femmes, aux liserons son sérail. Deux drôlesses arrivent ; le moineau nous apprend, car il sait tout, que l'une

Balminette est lingère en chambre, rue aux Ours,
Numéro trois;

L'ortie, qui n'ignore rien, nous révèle que l'autre

Est madame Antioche, actrice à Bobino.

Denarius perd aussitôt tout son sang-froid ; il compare ces dames à deux tourterelles, à deux fleurs, à deux lys. L'ortie objecte en vain qu'elles

puisent leur gaîté,
Leurs châles, leurs rubans et leurs robes d'été,
L'une dans un banquier et l'autre dans un juge ;

Denarius n'en sent pas moins

s'ouvrir son âme
Devant ce chapeau rose aux yeux bleus...

Quand Balminette relève un peu sa jupe pour passer un ruisseau, et laisse voir « un pied petit, une jambe bien faite et sa jarretière », le misogyne n'y tient plus, il veut se faire mener chez elle,

Son pouls est dans sa tempe une cloche qui sonne,
La femme est tout ! il est pris, brûlé, dévoré.

Toute la forêt se réjouit de la brusque conversion du philosophe, et le caillou ajoute, en guise de morale :

> Sans nous, si nous n'avions fait retrousser Goton,
> Ce Jocrisse risquait de devenir Platon.

C'est un peu l'histoire de Memnon ; mais l'esprit, le goût, la saveur sont bien de Victor Hugo, et Voltaire, sans doute, n'y entendait rien.

Pour tout dire, ce livre qui s'ouvre par un prologue incompréhensible, tient jusqu'au bout ce qu'il avait promis d'abord. Il n'ajoutera rien à la gloire de Victor Hugo. Je ne prétends pas qu'on n'y puisse rencontrer çà et là quelques bons vers ; mais enfin c'est l'exception. Le poète n'a plus d'autre guide que la fantaisie. L'enthousiasme qui le soutenait dans les œuvres de sa jeunesse et de sa maturité s'est retiré ; il le simule par l'abondance et le fracas des mots. Personne ne reconnaîtra là l'auteur des *Feuilles d'automne*. Celui-là, certes, faisait la part belle à l'imagination, mais il n'avait pas rompu avec la raison ; on pouvait trouver des taches dans ses vers, mais on y trouvait aussi d'incomparables beautés, la chaleur et le mouvement du vrai poète. Son style sonore n'avait pas encore appris à rejeter tout frein ; la langue française lui suffisait pour traduire sa pensée. Il serait puéril de nier l'éclat et la force de maintes pages des *Contemplations*, de la *Légende des siècles* et des *Châtiments ;* mais là, déjà, les défauts sont plus fréquents ; ils inquiètent le goût et la raison, depuis, ils ont tout envahi. Si j'osais hasarder ici, et c'est peut-être le cas, une comparaison romantique, je dirais que l'œuvre de Victor Hugo ressemble à certains monuments bâtis par nos ancêtres. On choisissait, pour les y élever, le point culminant d'une ville ; on leur donnait des proportions colossales ; on en soignait quelques détails avec amour, mais on laissait s'adosser à leurs murailles d'affreuses maisons, des bouges infects et des boutiques à façade bariolée. C'est ainsi qu'a fait Victor Hugo. Ce sera l'œuvre de la critique de dégager les abords du monument, c'est-à-dire d'élaguer de l'œuvre du poète tout ce qui décidément ne vaut rien. « La tâche, dit M. Schérer, ne sera pas aisée, car il s'agira de signaler dans un même écrivain, et souvent dans une même œuvre, la profondeur et la puérilité, l'inspiration sincère et d'insupportables poses, des beautés de premier ordre et des absurdités révoltantes, si bien que le lecteur, qui n'a pas encore appris « à admirer comme une bête », passe à chaque instant de l'enthousiasme à la révolte, du ravissement au dégoût ».

La tâche ne sera point aisée, c'est vrai, mais elle aura son prix. Le nombre de ceux qui ont appris « à admirer comme des bêtes » est considérable ; il peut diminuer pourtant. Si Victor Hugo n'avait pas été un chef d'école, s'il n'avait point exercé et n'exerçait pas encore par ses écrits une influence extraordinaire, on pourrait laisser au temps le soin de tout remettre à sa place. Mais c'est de lui surtout que procède la poésie contemporaine ; c'est de lui qu'elle tient son superbe dédain du bon sens ; de toutes les entraves dont il l'a affranchie, il n'en est pas qu'elle ait rejeté plus complètement que celle-là. L'absence de toute raison est proprement sa marque distinctive. On a fait de tout temps de mauvais vers, et l'on en a fait beaucoup. Quand on parcourt quelque recueil du siècle dernier, on est surpris de la platitude du style ; mais on constate que les poètes, même les plus détestables, tâchent toujours de dire quelque chose ; aujourd'hui, nombre de versificateurs savent leur métier, mais ils apportent un soin jaloux à ne rien dire absolument. Il semble que dès qu'on parle en vers, toute sottise soit légitime ; Jupiter a donné l'exemple et personne ne rougit de l'imiter. Voilà pourquoi, sans doute, dans cette petite guerre faite au nom de la raison, il est juste, il est honnête de s'en prendre au dieu lui-même. Tout ce qu'il a fait de bon est inimitable ; il le doit à une inspiration merveilleuse qu'on ne saurait lui dérober. Quand il est mauvais, il est exécrable ; ses défauts s'accusent en saillie, et il n'y a pas d'écolier si maladroit qui ne puisse les copier ; on n'y manque pas. Les pastiches du maître sont innombrables et je n'affirme point qu'il ne s'y soit pas trompé quelquefois lui-même ; il avait tant écrit et on l'imitait si bien !

On pourrait dire aussi qu'à une époque où tout le monde lit, la qualité de la littérature n'est pas chose moralement indifférente. Quand on met partout la déclamation à la place de la raison, on travaille à dépraver les esprits. La quantité d'idées malsaines et de folies que le romantisme a fait entrer dans les têtes françaises est trop grande pour être facilement évaluée. Si l'on était curieux de trouver la source où certains démagogues ont puisé leur risible mais dangereuse éloquence, on ne la chercherait pas longtemps. Il m'est arrivé d'en rencontrer plusieurs ; tous avaient jusqu'à la démence le culte des mots. Ils reconnaissaient e génie non pas à l'excellence des pensées, mais là la prodigalité des paroles. Ce que l'esprit franç çais tout entier a perdu de vigueur et de netteté à pareille école, les gens sensés le comprennent. Il importe aussi de le dire tout haut, sans crainte, avec la conviction de servir également la cause du bien et celle du beau, car elles sont étroitement liées. Quand les livres déraisonnent, l'esprit public ne peut rester sain, et quand on se préoccupe plus des mots que du sens, les lettres s'en vont. Un sage, qui écrivait peu parce qu'il pensait beaucoup, a dit : « C'est toujours par l'*au delà*, et non par l'*en deçà*, que les langues se corrompent ; par l'*au delà* de leur ton ordinaire, de leur naturelle énergie, de leur éclat habituel. C'est le luxe qui les corrompt, et le fracas qui accompagne leur décadence. » Ce mal est visible aujourd'hui. Il n'est pas certain qu'il soit possible d'y porter remède ; il est peut-être honnête de le tenter. On répète souvent que la littérature ne peut vivre qu'en essayant de se rajeunir sans cesse et l'on absout tous les écarts, en vertu même de ce besoin de nouveauté. Serait-il téméraire d'affirmer qu'un retour à la raison, dans la poésie et dans le roman, aurait aujourd'hui l'attrait du nouveau ?

M. LECONTE DE LISLE

POÈTE DRAMATIQUE

M. Leconte de Lisle n'est pas entré à l'Académie française comme chez lui; il a dû frapper aux portes plus d'une fois. MM. Sully-Prudhomme et François Coppée, qui se reconnaissent plus ou moins pour ses disciples, n'avaient pas encore publié leurs premiers vers, qu'il était déjà célèbre, et cependant ils l'ont devancé dans l'immortalité. C'est que la voix du public, qui n'est pas toujours la voix de Dieu, reprochait à l'auteur des *Poèmes barbares* de n'être que médiocrement amusant. Or, l'Académie qui tient compte de l'opinion quand l'opinion est de son avis, pensait un peu comme le public. Le grief était grave, car l'Académie, paraît-il, est un juge excellent en matière d'ennui. Le reproche, à vrai dire, ne vaut ni contre elle ni contre M. Leconte de Lisle. Parmi les académiciens plusieurs peut-être ont du génie, et nul ne manque assurément de talent. En vérité, ce qui n'est pas amusant, c'est la littérature académique; mais il est juste de convenir que cette littérature-là n'est pas l'œuvre des académiciens. Ils la lisent le moins possible, et ils la couronnent, faute de mieux. Quant à M. Leconte de Lisle, ceux-là seulement le trouvent ennuyeux qui ne savent point le lire. Victor Hugo, qui se connaissait en vers, l'avait désigné pour son successeur; plus heureux que certains de nos rois, le maître a été écouté même après sa mort. C'est M. Leconte de Lisle qui fera la seconde apothéose du grand poète; la tâche est rude, car le sujet est vaste; elle n'est pas, après tout, au-dessus de ses forces. Il y aurait peut-être moyen de tourner la difficulté; de ce moyen-là M. Leconte de Lisle seul pourrait user. Lui seul, en effet, se sert d'une langue assez sonore pour louer Victor Hugo en vers, et le louer dignement. Le fait ne serait pas sans quelque précédent. Crébillon, qui n'avait que dédain pour la prose, dédain qu'elle lui rendait bien, écrivit son remerciement en alexandrins. D'autres, peut-être, ont suivi son exemple; c'est une question que je pose à nos érudits.

Je voudrais oublier que c'est de M. Leconte de Lisle, auteur dramatique, qu'il me faut parler. La matière est infertile et courte, et c'est prendre un vaste sujet par son plus petit côté. Il n'est pas possible, d'ailleurs, de donner une idée précise du poète tragique sans dire quelques mots du poète lyrique. La tragédie des *Erinnyes* est comme une suite naturelle des *Poèmes antiques*; qui n'a pas lu ceux-ci s'expliquera mal celle-là. Il y a dans l'œuvre de M. Leconte de Lisle une unité indéniable; nul n'a su, comme lui, s'enfermer dans un domaine bien délimité. Dans le chœur des poètes contemporains, où tant de voix détonnent, il a sa note particulière; c'est la plus sonore, et ce n'est pas la moins juste. Il n'a ni l'abondance de Lamartine, ni l'enthousiasme de Musset, ni l'exubérance prodigieuse de Victor Hugo, c'est chose évidente; mais où trouverait-on ces qualités-là? Nos meilleurs poètes ne sont qu'estimables; ils ont du style, de la délicatesse, de la profondeur même; ils sont, dans le métier, d'une habileté surprenante, mais il leur manque trop souvent la qualité suprême, sans laquelle toute poésie est caduque, l'inspiration. La muse contemporaine n'a pas les ailes très longues ; quand elle vole, on voit tqu'elle a des pieds qui la ramènent invinciblement vers la terre, elle a le tort aussi d'être triste, même morose. Les Parnassiens sont graves ; nul ne s'est encore avisé de les trouver gais ; il est clair qu'ils ne font aucun effort pour nous amuser. Ceux d'entre eux qui pensent, on en pourrait citer quatre ou cinq, ne sont pas médiocrement tristes ; les autres, une vraie légion, vivent enveloppés d'un éternel brouillard. Ils ne méritent guère et ils se soucient fort peu que la critique s'efforce de le percer pour les entrevoir. Ce sont gens pacifiques, doux, dégagés de la fange où nous nous agitons ; ils ne nuisent à personne, certes, et quelque penchant qu'on se sente à médire, on est désarmé devant tant de candeur. Ce que M. Mallarmé fait, en homme d'esprit qui veut rire et qui s'amuse, ils le font avec une conviction profonde ; et dans cette lutte à qui sera le plus incompréhensible, M. Mallarmé, quoiqu'il s'y exténue, n'est pas toujours vainqueur.

M. Leconte de Lisle est plutôt un ancêtre pour les Parnassiens qu'un Parnassien réel. Il a des idées, et quel que soit son amour des sonorités, il ne lui sacrifie jamais le sens ; c'est sa force. Il se tient sur un sommet qui confine avec le Parnasse et qui, à mon avis, le domine ; il n'en est pas de plus inaccessible ; les bruits du monde n'y arrivent point, et la terre, celle où nous marchons, ce globe dépouillé,

> Qui roule dans les cieux comme un grand potiron,

ne s'y laisse entrevoir avec ses villes étroites, et ses petits hommes, que comme une des étoiles perdues dans la voie lactée. Rien, à qui regarde de si haut, n'est beau sous le soleil.

> Homme, si le cœur plein de joie et d'amertume,
> Tu passais vers midi, dans les champs radieux,
> Fuis, la nature est vide et le soleil consume :
> Rien n'est vivant ici, rien n'est triste ou joyeux.
> Mais si, désabusé des larmes et du rire,
> Altéré de l'oubli de ce monde agité,
> Tu veux, ne sachant plus pardonner ou maudire,
> Goûter une suprême et morne volupté,
> Viens, ce soleil te parle en lumières sublimes :
> Dans sa flamme implacable absorbe-toi sans fin,
> Et retourne à pas lents vers les cités infimes,
> Le cœur trempé sept fois dans le néant divin.

Ces idées-là, certes, sont désolantes, mais elles sont exprimées dans des vers d'une telle qualité poétique que je n'oserais affirmer qu'on en trouvât de meilleurs ni de plus sonores dans notre langue. Une telle gloire suffit à un homme; et s'il est vrai, comme le prétend M. Taine, qu'il soit plus malaisé de faire quelques beaux vers

que de gagner une bataille, la gloire de M. Leconte
de Lisle ne sera pas mince dans l'avenir car il
est peu de poètes qui aient fait plus de vers vraiment beaux. Le monde n'entendra pas l'appel du
poète, tout éloquent qu'il est ; il continuera de
vivre de sa petite vie prosaïque, semée de biens
et de maux. Les jeunes gens honnêtes se marie-
ront pour commencer d'aimer et les libertins
mêmes en feront autant pour se reposer de
l'amour, mais on ne se lassera pas de peupler la
terre. Nous nous plongerons dans le néant divin
le plus tard possible, et certainement à regret.
C'est que ce pauvre monde enfin n'est pas toujours si maussade et qu'on y passe de bons mo-
ments. La joie de vivre n'est pas encore épuisée,
et c'est un vrai plaisir d'entendre mépriser le
monde en un si fier langage.

M. Leconte de Lisle, avec de telles idées, peut-il
avoir le tempérament d'un poète dramatique,
tel que nous le comprenons aujourd'hui? Je ne
le pense pas. Il n'a pas pour l'humanité en général cette sympathie que je rencontre chez les
grands maîtres de la scène. Molière se moque de
nos travers, mais il les déplore ; il s'apitoie sur le
sort d'Alceste, et il plaint Orgon, dupe de Tartuffe ; Racine, Corneille et Shakespeare ne sont
pas indifférents aux infortunes de leurs héros. Il

suffit d'avoir vu jouer les *Idées de Madame Aubray* et *Denise*, pour savoir à quel point M. Dumas s'intéresse à ses héroïnes. C'est la conviction, c'est l'émotion du poète qui passe toute brûlante dans ses œuvres et qui nous les fait aimer. M. Leconte de Lisle, lui, n'a point cette sympathie pour les hommes, qu'ils soient victimes de leurs propres passions ou des préjugés du monde. L'humanité, dans son ensemble, lui paraît assez méprisable ; il ne l'aime pas plus qu'il n'aime la vie active et il a traduit son dédain pour elle dans son sonnet « à un poète mort » en des vers d'une douloureuse amertume :

> Voir, entendre, sentir? Vent, fumée et poussière.
> Aimer ? La coupe d'or ne contient que du fiel.
> Comme un Dieu plein d'ennui qui déserte l'autel,
> Rentre et disperse-toi dans l'immense matière.
>
> . . . .
>
> Moi, je t'envie, au fond du tombeau calme et noir,
> D'être affranchi de vivre et de ne plus savoir
> La honte de penser et l'horreur d'être un homme.

Quand on est à ce point désabusé de la vie et des hommes, on ne peut guère prendre intérêt à nos malheurs publics ou privés. On ne voit là que caprices du hasard, accidents inhérents à la nature humaine et qui ne méritent pas de troubler la hautaine sérénité du sage. Avec une telle philosophie, on n'est point un poète dramatique par goût; si l'on touche au drame, c'est seulement en passant. Les succès au théâtre ont un tel retentissement, que tous nos grands poètes ont plus ou moins tenté d'aborder la scène. Boileau, tout jeune, avait fait une tragédie qu'il brûla soigneusement après ses premières satires, désireux qu'il était de donner le moins possible à mordre aux dents d'autrui. Nous avons plusieurs comédies de la Fontaine. Il faut dire, en passant, qu'il fut le moins susceptible des auteurs dramatiques. On conte qu'assistant à la première représentation d'une de ses pièces, le courage de l'entendre jusqu'au bout lui manqua tout à fait. Lamartine a fait un *Saül*. Il n'est pas jusqu'aux prosateurs eux-mêmes que le théâtre n'ait tentés, témoin Chateaubriand, et hier, avec toutes sortes de précautions et de réserves, M. Renan lui-même. C'est que le théâtre, avec la franchise de langage qu'il réclame, avec la facilité qu'il offre à la propagation des idées, plaît naturellement à notre race éprise de clarté et expansive à l'excès. M. Leconte de Lisle a payé, lui aussi, tribut au malin, et il a cherché pour ses vers sonores le prestige de la scène. Ce n'est pas, d'ailleurs, à la vie contemporaine qu'il a demandé la matière de l'unique tragédie qu'il ait faite ; il l'a prise dans l'âge héroïque et dans cette famille des Atrides qui fut le jouet d'une fatalité implacable.

C'est la trilogie d'Eschyle, l'*Orestie*, que M. Leconte de Lisle a surtout reproduite dans les *Erinnyes*. S'il n'a emprunté à la troisième partie, les *Euménides,* que l'idée de faire apparaître les Furies sur la scène, les deux premières, *Agamemnon* et les *Choéphores* ont été suivies d'assez près par lui. La tragédie antique, grâce à la trilogie qu'on exigeait dans les concours, pouvait se dérouler librement et choisir les plus vastes sujets ; elle n'était pas plus astreinte aux unités que le drame moderne. Les exigences du public français n'ont pas permis à l'auteur de suivre Eschyle pas à pas ; l'œuvre du poète grec est trop particulièrement athénienne et religieuse pour qu'elle puisse nous être agréable dans son intégrité. On nous a donc rendu Eschyle, autant qu'on pouvait nous le rendre, c'est-à-dire autant qu'il nous était possible de le supporter. Le chœur a disparu, et avec lui les développements lyriques chers aux Grecs, à une époque surtout où la tragédie commençait seulement à faire une place au dialogue. C'est un raccourci d'Eschyle, assez beau toutefois et assez fidèle pour nous donner le sentiment du drame antique. C'est là, au milieu des imitations sans nombre qu'on a faites du théâtre grec, l'originalité propre des *Erinnyes*. Les personnages qu'on nous présente ne sont pas des anciens par les noms seulement; leurs idées, leur caractère et surtout leurs actions sont antiques. Si l'on n'avait voulu qu'emprunter à Eschyle le cadre d'un drame aussi propre que possible à émouvoir les hommes d'aujourd'hui, il eût fallu tout changer. Le rôle de Clytemnestre, abstraction faite de la fatalité, est odieux; elle ment avec l'hypocrisie la moins supportable, et le motif qu'elle donne du meurtre d'Agamemnon n'en est pas un pour nous. Elle ne le tue point parce qu'il a sacrifié, dix ans auparavant, sa fille aux intérêts de la Grèce; elle le tue pour éviter sa vengeance, parce qu'elle veut se sauver elle-même en même temps qu'Egisthe, son amant. Un poète moins soucieux de reproduire fidèlement Eschyle que de nous donner un drame fait pour nous, nous aurait décrit les terreurs de Clytemnestre à la nouvelle du retour de son mari, ses angoisses et ses perplexités, puis sa résolution criminelle avec ses suites funestes. Placée dans l'alternative de perdre son amant ou de tuer son mari, c'est celui-ci qu'elle eût frappé. C'est ainsi que Racine a compris l'imitation des Grecs, et après lui Voltaire et tous ceux qui se sont inspirés des maîtres du théâtre athénien.

Il ne s'agit pas, en vérité, de savoir s'ils ont égalé ou surpassé les anciens. Cette question oiseuse a été vainement débattue. Quand le romantisme commença d'afficher ses pompeuses théories, il reprocha d'abord à Racine de s'être écarté de la fidélité historique. Ses héros, romains ou grecs, n'étaient, disait-on, que des Français de son temps. Il nous semble à nous, qui ne sommes ni classiques, ni romantiques, que Racine a eu raison de peindre les hommes tels qu'il les voyait, avec leurs sentiments raffinés, leur point d'honneur délicat, leurs passions qui pour n'être pas brutales n'en sont pas moins profondes. S'il avait prétendu nous offrir de vrais Grecs contemporains de la guerre de Troie, il n'eût réussi qu'à créer des fantômes semblables à ceux qui encombrent le théâtre des romantiques. L'histoire en effet n'a jamais été plus effrontément travestie que par ces grands amateurs de fidélité historique. M. Leconte de Lisle, je le crois, n'a pas eu d'autre prétention que de nous faire comprendre le théâtre antique; il a fait, si je puis ainsi parler, une œuvre d'art rétrospectif. C'est une tentative dont il était à peu près seul capable. Pour traduire ou pour imiter Eschyle, il était nécessaire de connaître l'antiquité, mais il fallait encore avoir à son service le talent et la langue d'un vrai poète ; je n'en sais pas beaucoup qui partagent avec lui ce double mérite. Il n'en reste pas moins vrai que si une telle tentative est honorable, elle ne peut être qu'isolée. Un public de lettrés peut seul sentir tout le mérite des *Erinnyes.*

Comment leur auteur imite-t-il Eschyle quant au langage ? J'ai eu la curiosité de le rechercher. Il me semble qu'il n'évite pas toujours le défaut dont on accuse Racine. Il ennoblit le poète grec, et ne le rend souvent qu'imparfaitement. Les Grecs, même dans les passages les plus pathétiques ou les plus élevés, ont une familiarité de style qui nous étonne ; le poète français, quoi qu'il fasse, n'y arrive point. Il traduit mieux les expressions vigoureuses et les fortes sentences dont Eschyle abonde. Son style ferme et naturellement majestueux soutient la comparaison sans désavantage, là où il ne faut que de graves et hautes paroles. On sent que le langage élevé est le sien, et le seul qu'il aime. Quelques exemples feront mieux comprendre nos remarques. Clytemnestre, au moment de rentrer dans le palais, invite son esclave Cassandre, la fille de Priam, à la suivre. Celle-ci reste immobile, comme si elle n'avait point entendu. Eurybatès qui, dans les

Erinnyes, représente le chœur, lui rappelle l'ordre de sa maîtresse :

> La Reine, ô femme, t'a nommée.
> **KLYTAIMNESTRA**
> Elle reste muette et comme inanimée.
> Je n'ai pas le loisir d'attendre, esclave! Viens!
> Les brebis, près du feu, bêlent dans leurs liens;
> Les taureaux, couronnés des saintes bandelettes,
> Vont mugir, en tirant leurs langues violettes;
> L'orge se mêle au sel, le miel au vin pourpré;
> Le parfum brûle et fume, et le couteau sacré
> Près des vases d'argent reluit hors de la gaine.

Les vers sont bons, mais ils sont bien d'un moderne et, en tout cas, plutôt épiques que tragiques. Eschyle est plus simple :

> **LE CHŒUR**, *à Cassandre*.
> « Suis-la. Dans ta fortune présente, tu ne pouvais entendre
> « de meilleures paroles. Obéis, descends de ce char où tu
> « es assise.
> **CLYTEMNESTRE.**
> « Je n'ai pas le temps de l'attendre à la porte. Déjà, près
> « du foyer, au centre de la maison, sont rangées les brebis
> « que nous allons immoler aux dieux. »

C'est ainsi qu'on parle quand on est pressé ; les vers français sont trop poétiques ; c'est encore le défaut du fameux récit de Théramène, on ne s'exprime pas ainsi lorsqu'on a hâte d'en finir.

Que M. Leconte de Lisle, au contraire, ait à traduire de nobles idées, il se tient aussitôt plus près d'Eschyle, sans toutefois nous le rendre tout à fait encore. Écoutez en quels termes il présente Cassandre à Clytemnestre :

> Regarde celle-ci. Les promptes Destinées
> Sous les pas triomphants creusent un gouffre noir;
> Et qui hausse la tête est déjà près de choir.
> Donc, fille de Léda, sois douce à l'étrangère,
> Rends moins rude son mal et sa chaîne légère;
> Car les dieux sont contents quand le maître est meilleur !
> Et le sang des héros a nourri cette fleur
> Sur un arbre royal dépouillé feuille à feuille.

Eschyle, ici encore, est plus court et moins sentencieux. Ceux qui voudront prolonger cette comparaison verront combien il est malaisé de lutter contre les anciens ; M. Leconte de Lisle le sait mieux que personne. C'est une lutte, après tout, dans laquelle il est honorable de n'être vaincu qu'à demi.

L'auteur des *Erinnyes* ne s'est pas contenté de lire les poètes grecs, il les a traduits. Les temps sont durs pour les traducteurs : le public profite de leurs travaux et s'occupe très peu de leurs personnes. L'Académie leur accorde de minces encouragements, mais elle ne leur ouvre plus ses portes. Ce n'est donc pas à ses versions d'Homère, d'Eschyle et de Sophocle que M. Leconte de Lisle a dû son élection ; les *Poèmes barbares*, son chef-d'œuvre, l'ont plus servi que ses traductions. Celles-ci n'ont pas laissé pourtant le public indifférent ; on a fort discuté le mérite de son *Homère* et surtout l'innovation qu'il apportait en rendant aux noms grecs, plus ou moins déformés pendant trois siècles, leur orthographe naturelle. On ne peut pas dire que M. Leconte de Lisle ait eu gain de cause ; il n'a point non plus tout à fait échoué dans sa tentative. Il me serait difficile, sans encourir le reproche d'incompétence, de donner mon avis sur les traductions d'Eschyle et de Sophocle. Sont-elles fidèles ? M. Leconte de Lisle a-t-il, lui aussi, plus ou moins trahi les anciens ? Je ne sais. Il me semble qu'il a de la force, de l'énergie, qu'il devine les nuances avec l'instinct d'un poète et qu'il trouve souvent le langage le plus propre à les rendre. S'il s'est trompé, que ses confrères de l'Académie lui jettent la première pierre ; quant à moi je profite quelquefois, pas bien souvent, de ses veilles avec reconnaissance. Le temps nous manque un peu, à nous tous qui raffinons sur les écrits de nos contemporains, pour lire les anciens, et quand on parle devant nous d'un grave traducteur, d'un homme qui a passé dix ans de sa vie à mettre en français une douzaine de vieilles tragédies, nous pensons tout de suite à tels de nos auteurs qui, en moins de temps, ont écrit quinze ou vingt pièces et qui en auraient fait cinquante, s'ils avaient cru trouver des acteurs à volonté. Il est vrai que leurs œuvres ne mettront pas les traducteurs à bout de patience, dans deux mille ans. Avec les *Erinnyes* et avec ses traductions d'Eschyle et de Sophocle, M. Leconte de Lisle n'est pas étranger au théâtre ; il peut se faire même qu'on se souvienne de sa tentative dramatique lorsque bien des œuvres plus retentissantes de ce temps-ci seront oubliées. Il a eu l'heureuse fortune d'associer son nom à celui d'Eschyle qui n'est pas près de mourir ; et de quelque façon qu'on juge son œuvre on ne peut lui refuser une part d'originalité. J'entends dire qu'il n'en restera point à ce premier essai ; on parle d'une tragédie de *Frédégonde* qui serait achevée et qu'on nous promet pour l'an prochain. Le lointain obscur de l'époque mérovingienne, la rudesse et la férocité des mœurs d'alors seraient matière à forte poésie et je ne serais pas surpris que l'auteur des *Poèmes barbares* se fût laissé tenter. Quel que puisse être le mérite dramatique de l'œuvre, nous sommes sûrs, au moins, d'entendre de beaux vers.

Je ne regrette pas, après tout, pour M. Leconte de Lisle qu'il n'ait encore fait qu'une courte tra-

gédie. Si une œuvre dramatique excellente est le
dernier et le plus sublime effort de l'art, il n'y a
rien qui passe plus vite et qui laisse moins de
mémoire qu'une tragédie ou une comédie simplement ordinaire. Les auteurs dramatiques, sans
doute, même ceux du second ordre, connaissent
mieux que personne les jouissances du succès,
mais ce succès ressemble un peu trop aux grands
triomphes des avocats. Le bruit est extraordinaire
et dure peu; un poète lyrique, du moins, a la
chance d'être parfait, ne fût-ce qu'un moment, et
c'est assez. Avec *Midi* et deux ou trois autres
pièces, quand il n'en aurait pas vingt autres d'excellentes, M. Leconte de Lisle est sûr de vivre. La
Voulzie a sauvé Hégésippe Moreau de l'oubli.
Soumet, qui se croyait au moins l'égal de Racine,
n'existe plus que par une courte élégie; d'autres
noms subsistent soutenus par moins encore. Les
poèmes dramatiques secondaires du dernier
siècle sont déjà oubliés; les histoires littéraires les
nomment, mais on ne cite plus un seul de leurs
vers. Oui, certainement, M. Leconte de Lisle a
suivi la bonne voie ! On aura beau répéter que le
succès du moment importe seul; qu'il fait vivre
et qu'il console de tout; les pessimistes les plus
déterminés, ceux qui sont le mieux convaincus
du néant de toute chose, ne seront pas insen_

sibles à l'espoir de laisser un souvenir d'eux sur cette terre de malheur !

Est-on plus ou moins mort quand on est embaumé ?

demande le poète. On est moins mort, assurément. C'est l'opinion des hommes ; il ne faut point rabaisser la gloire « elle est, disait Chateaubriand, la plus belle chose après la vertu ».

C'est aussi, sans doute, l'opinion de M. Leconte de Lisle, puisqu'il a sollicité les suffrages des académiciens ; et nous ne l'en blâmons pas. Personne, après tout, n'est plus digne que lui d'être de l'Institut. Poète par vocation, il n'a pas voulu être autre chose ; il n'a désiré ni le tapage, ni le scandale ; c'est à son talent seulement qu'il doit sa réputation. Épris d'un certain idéal, il l'a recherché sans s'inquiéter de ce qu'on en pouvait penser. Il n'a point remporté de ces succès éclatants, qui sont sujets à de fâcheux retours, mais il a fait son chemin peu à peu et il a mérité d'être apprécié des connaisseurs. Ceux même, et nous sommes de ceux-là, qui n'aiment qu'à demi sa philosophie et qui n'estiment point également toutes ses œuvres, se plaisent à reconnaître en lui de hautes qualités ; ils rendent justice à l'artiste qui, dans un temps de travail rapide, a tou-

jours essayé de se contenter lui-même. S'ils
rêvent une poésie plus humaine, un poète aux
idées plus riantes, ils doivent avouer que les vers
de M. Leconte de Lisle ne les laissent point indifférents. Ils le distinguent de ses imitateurs maladroits et ils ne confondent pas ses vers sonores,
mais souvent pleins de choses, avec les fanfares
de ses jeunes disciples.

UN CRITIQUE D'AUTREFOIS

Le nom du critique Geoffroy n'éveille aucune sympathie. Il a été dur pour ses contemporains et la postérité ne lui a pas été clémente. Les auteurs qu'on ne lit pas et les poètes dramatiques qu'on ne joue guère ne pensent aucun bien de la critique. Geoffroy n'avait épargné ni les uns ni les autres; ils ont pris leur revanche après sa mort. On l'a représenté comme un homme grossier et envieux; on a dit qu'habile à discerner les défauts, il ne savait ni ne voulait voir les beautés. Une légende s'est créée sur son nom; on lui a prêté toutes les méchancetés comme toutes les bévues. Les poètes dramatiques honorent volontiers Corneille, Racine et Molière, quittes à leur ressembler le moins possible; les critiques qui, par profession, sont peu respectueux, n'affectent que dédain pour leur ancêtre le plus reculé. Si l'on doit la bienveillance aux vivants, on ne doit aux morts que la vérité, et il faut avouer qu'on leur rend tout ce qu'on leur doit.

Les poëtes et les romanciers se défendent assez bien des injustices de la postérité. Quelques vers d'un tour heureux, un récit vif et émouvant se font toujours lire; le temps ne leur enlève rien de leur intérêt. La critique, elle-même, qu'elle analyse les chefs-d'œuvre ou qu'elle s'ingénie à saisir les traits distinctifs des maîtres, a des chances de durer. On lit encore Laharpe, du moins, par fragments; on lira toujours Sainte-Beuve. Les grands critiques ont attaché leurs noms à des œuvres immortelles, ils servent de guides à quiconque veut étudier les modèles; ils aplanissent les voies qui mènent « aux sources sacrées ». Faite à loisir, la critique remplit quelques-unes des conditions du grand art. Elle choisit son sujet, elle l'agrandit, elle l'ordonne; si elle ne peut, sans perdre son autorité, s'abandonner aux fantaisies de l'imagination, elle est libre, pourtant, de s'appliquer curieusement aux détails de la forme. Encore qu'un style vif et court, dédaigneux des vains ornements, lui convienne surtout, elle peut plaire sous un vêtement plus riche; Paul de Saint-Victor l'a quelquefois prouvé. De Boileau à Sainte-Beuve, en passant par Fénelon et Voltaire, elle a produit des livres qu'il n'est guère permis d'ignorer. Les écrivains qu'elle maltraite disent malignement qu'elle n'est pas un genre littéraire; ils se croient ainsi vengés de ses mépris. Qu'elle soit un genre ou non, il faut avouer qu'elle s'est fait une belle place dans notre littérature. Sa variété seule, car elle s'étend à toute chose, suffirait à expliquer ses succès.

Si le domaine de la critique est immense, le public auquel elle s'adresse n'est pas très nombreux. La foule des lecteurs qui fait la vogue des romans reste étrangère à ses travaux; on le voit assez aux œuvres qui font ses délices. Il est pourtant un genre de critique qui ne laisse personne indifférent, c'est la critique théâtrale. La politique et les faits divers n'ont pas si bien envahi les journaux qu'elle n'y ait gardé sa place. Sa fortune ne date pas d'hier; elle a commencé avec Geoffroy qui la créa dans sa forme actuelle, et elle n'a point connu de mauvais jours. C'est pourtant de toutes les critiques la plus éphémère. Elle est asservie à des conditions qui sont dures, même pour les plus fermes talents; aussi ses œuvres passent-elles vite, ou du moins ne prennent-elles jamais place au nombre de ces ouvrages de choix que tout lettré veut lire. Elle laisse des noms plutôt que des livres. On se souvient des feuilletonistes comme on fait des avocats. Leurs écrits n'existent plus pour le public; c'est à peine si les gens du métier les feuillettent encore. Toutes représailles s'exercent donc à peu près impunément contre les critiques de théâtre, au lendemain de leur mort. Leurs œuvres les défendent mal, et comme ils ont toujours, même les plus indulgents, bon nombre d'ennemis, on peut dire qu'ils sont jugés sans équité. Tel a été, ce me semble, le cas de Geoffroy.

Nul critique de théâtre n'a eu une réputation égale à la sienne. Il fut, pendant quatorze ans, le juge le plus écouté ou pour mieux dire, l'unique juge des spectacles. Il devait cette situation à son talent d'abord, mais il la devait aussi au journal où il écrivait et à la condition faite par l'Empire à la presse. Napoléon ne permettait guère qu'on parlât de ses actes; dans le silence presque général de la politique, les discussions littéraires remplissaient les journaux. Un article de Suard ou de Feletz, un feuilleton de Geoffroy étaient des événements pour le public des lettrés. On faisait, en quelque sorte, l'inventaire du dix-huitième siècle; on se passionnait pour ou contre Voltaire. L'opposition s'était réfugiée dans la littérature. Le *Journal des Débats* devenu le journal de l'Empire avait, à lui seul, plus de lecteurs que tous les autres ensemble. Geoffroy y acquit vite une autorité extraordinaire. Les auteurs redoutaient ses feuilletons; ils excitaient l'enthousiasme ou la colère du public; on les discutait avec passion. Le critique lui-même était jugé comme on fait un poète. On examinait curieusement jusqu'à son style; une bévue trop grosse, un feuilleton trop négligé ou mal venu pouvaient compromettre sa réputation. Le public d'alors était aussi exigeant et aussi malin que celui de nos jours est facile et débonnaire. M. Jules Claretie raconte à ce propos une anecdote qui prouve, à merveille, quelle était alors la situation d'un critique. « Un jour, Geoffroy qui avait invité à dîner quelques amis, s'interrompt au milieu du repas pour écrire à la hâte un compte rendu demandé pour le lendemain et qu'il avait oublié de faire. Quand cela sera imprimé, dit-il à l'apprenti qui était venu chercher sa copie, tu viendras, je te donnerai la suite et je corrigerai les épreuves au dessert. Les convives, dit un biographe, *tremblèrent* pour le feuilleton du lendemain. *Tremblèrent*, toute la puissance du critique est en ce mot! Eh quoi! Si témérairement, entre le potage et le dessert, Geoffroy livrait bataille? Il risquait, pour un dîner, de compromettre par un feuilleton trop rapide sa réputation si bien assise? Les convives tremblèrent ! On voit par là ce que valait alors une opinion de l'écrivain, et quel épouvantail c'était, et quel souverain qu'un critique ! » Cette souveraineté paraissait d'autant plus solide qu'elle se fondait sur l'estime des lettrés ; elle dura peu pourtant. Quand les romantiques émancipèrent le théâtre, Geoffroy ne passa plus que pour le représentant attardé d'un autre âge ; il fut enveloppé dans la proscription qui frappa les classiques de la décadence ; on oublia qu'il avait été le plus acharné de leurs adversaires. Nulle grande réputation n'est tout à fait usurpée. Si de nos jours une réclame effrontée et un public fait exprès pour se plaire à toutes les sottises ont créé beaucoup de faux grands hommes, il n'en était pas de même autrefois. Une élite seule faisait la fortune des livres et il était malaisé d'obtenir son suffrage. Geoffroy sut se faire accepter par elle ; il fut mis au premier rang, et il avait pour contemporains Hoffmann, Dussault, Féletz, Rœderer et Suard. Une telle fortune a des causes qu'il est curieux de rechercher. Encore qu'il soit de règle aujourd'hui d'accabler de louanges les vivants, on me permettra, pourtant, de dire un peu de bien d'un mort. On ne connaît plus guère de Geoffroy que son nom ; avant de juger son œuvre il n'est peut-être pas inutile de rappeler brièvement sa vie.

Geoffroy naquit à Rennes en 1743. Il commença ses études chez les Jésuites de cette ville et vint les achever à Paris au collège Louis-le-Grand. Ses succès attirèrent sur lui l'attention de ses maîtres et ils lui donnèrent un emploi dans leur collège où il resta jusqu'à l'expulsion de l'ordre. Il se fit précepteur et prit dès lors le goût du théâtre où il conduisait ses élèves. Ce goût était, d'ailleurs, très vif dans toute la société. Les Jésuites, moins rigoureux que les Jansénistes, le favorisaient dans leurs écoles; on y jouait la comédie plusieurs fois par an; la Compagnie avait ses poètes. Il y aurait toute une étude à faire sur ce théâtre de collège. Après quelques années de préceptorat, Geoffroy se fit maître d'études dans un pensionnat de l'Université. Il quitta vite ces fonctions trop modestes pour son talent; il obtint la chaire de rhétorique au collège de Montaigu, puis il passa de là au collège de Mazarin. Brillant latiniste, il fut deux fois vainqueur dans les concours que l'Université instituait alors entre ses maîtres. Le professorat ne l'occupait pas entièrement. Il collaborait à l'*Année littéraire* de Fréron et à la *Gazette de Royou*. Hostile aux principes de la Révolution, il fut dénoncé par des journalistes, ses ennemis, et dut quitter sa chaire du collège

Mazarin. Pour échapper aux persécutions, il se fit maître d'école dans un village des environs de Paris ; il revint dans cette ville vers la fin du Directoire et entra de nouveau dans un pensionnat du Marais. C'est là que M. Bertin vint le chercher pour l'attacher au *Journal des Débats;* il avait cinquante-sept ans. La critique littéraire qui avait eu, pendant deux siècles, ses publications spéciales, avait été négligée pendant la Révolution. Elle reparut avec le Consulat. Geoffroy inaugura brillamment le feuilleton dramatique en 1800. Lorsque le *Journal des Débats* devint en 1807 le journal de l'Empire, il y resta et il s'y maintint jusqu'à sa mort le 18 février 1814. Voici le portrait qu'a fait de lui un de ses contemporains : « Sa stature, dit-il, était moyenne; sa physionomie n'indiquait nullement l'esprit dont il pétillait; une mauvaise vue lui donnait la marche pesante et embarrassée ; il avait l'abord dur et cependant la douceur, même la timidité formaient son caractère. Naturellement gai, il parlait peu ; mais dans la société d'hommes instruits, on l'entendait s'exprimer avec une extrême facilité, développer avec grâce ses opinions sans vouloir y mettre de l'entêtement, et toujours malin et plaisant il savait s'attirer l'attention générale. Jamais il n'avait aimé le luxe des vêtements, mais dans sa mise il n'affectait aucun cynisme. D'un naturel indolent et paresseux, un long travail l'effarouchait; il est même à croire que peu inquiet du soin de sa fortune, il n'aurait point entrepris un ouvrage de longue haleine qui aurait pu l'enrichir, s'il eût fallu sacrifier son indépendance ». La malignité, pourtant, ne l'épargna point. Si l'on ne fit pas, comme pour bien d'autres critiques de théâtre, un compte fort grossi de ses bonnes fortunes, on lui reprocha son avidité. Une telle accusation contre un homme qui louait si peu paraît étrange; elle a été accueillie, néanmoins; et le plus illustre des critiques qui se sont occupés de Geoffroy ne l'a point repoussée. « Il eut, dit-il, de gros appointements, une loge au Théâtre, une voiture pour s'y rendre, sans compter le reste ». Le reste, ce sont les cadeaux gros et petits et tous les profits d'une plume vénale. Heureusement pour Geoffroy son caractère dément cette insinuation malveillante; elle ne repose sur aucun fait. Il mourut pauvre et sa veuve vécut d'une pension de quinze cents francs que lui firent MM. Bertin. Je ne m'arrêterai pas à rapporter ici nombre d'anecdotes sur Geoffroy. Il eut des querelles fameuses avec plusieurs de ses contemporains les plus célèbres. Luce de Lancival, Joseph Chénier, Dussault lui lancèrent des traits qu'il leur renvoya non sans vigueur. Talma, irrité de ses critiques, s'emporta jusqu'à le frapper. Des auteurs firent imprimer sous son nom une tragédie ridicule. Ce sont là des accidents auxquels tout critique doit s'attendre; Geoffroy n'en fut ni diminué, ni fort touché. Il aimait la lutte; il a porté et il a reçu nombre de coups; c'est le sort des batailleurs.

Geoffroy arrivait à point, vers 1800, pour juger le théâtre du xviii° siècle. Il apportait à cette besogne l'ardeur et aussi la perspicacité d'un adversaire et ce n'était pas trop. Il avait vu Voltaire dans toute sa gloire; il avait été le témoin de son retour à Paris, il avait entendu les applaudissements par lesquels le public fêtait l'esprit nouveau, dans la personne de son représentant le plus illustre, bien plus que les vers trop faibles d'*Irène*; il savait donc que la littérature n'était pas seule en jeu dans ces triomphes. Le but qu'avaient poursuivi les philosophes et les poètes était atteint; l'enthousiasme s'était refroidi; les hommes d'action avaient disparu, le moment était venu d'apprécier les artistes; Geoffroy le comprit. Critique classique, mieux préparé pour cette besogne que la plupart de ses contemporains, il se proposa de défendre le xvii° siècle contre les attaques de Voltaire et de ses disciples. Il ne se contenta pas de réfuter leurs ar-

guments ; il s'en prit à leurs œuvres elles-mêmes.
C'est la partie capitale de ses travaux et la plus durable ; il servit ainsi le goût public et il lui apprit à distinguer les vrais classiques de leurs imitateurs. Il dut aussi apprécier ses contemporains et il le fit avec une franchise souvent impitoyable. Ses arrêts sont sévères ; ils sont fortement motivés et ils font honneur à son goût ; malheureusement on ne lit plus les ouvrages qu'il a condamnés et sa critique a perdu de son intérêt. La critique a le sort des œuvres qu'elle juge ; elle est fragile quand l'absence de grands talents lui interdit les grands sujets.

Geoffroy connaissait bien le théâtre du xviie siècle, et il l'appréciait fort. Il crut, et il ne se trompait pas, que c'était travailler à rabaisser Voltaire, que de faire ressortir toutes les beautés de ce théâtre ; il n'y manqua donc point. Sur Corneille, sur Racine, sur Molière il a écrit des pages excellentes et d'une haute raison. Il a vengé Corneille des dédains de Voltaire et de Laharpe et redressé, comme il convenait, les erreurs du commentaire. Bien avant les romantiques il a compris que le caractère de Nicomède était une conception théâtrale des plus extraordinaires. Il s'est, d'ailleurs, appliqué à relever la réputation de Corneille trop rabaissée par Voltaire et par ses disciples. Il flattait ainsi les goûts de l'empereur et ceux du public. La génération qui avait assisté aux luttes épiques de Rivoli, de Marengo et d'Austerlitz était faite pour comprendre l'âme de Corneille. « Très dédaigné sous le règne des philosophes, il est aujourd'hui, disait Geoffroy, le plus fêté, parce qu'il est le plus fort de choses ; parce qu'il remet sous nos yeux ce vaste empire fondé par la valeur et les vertus du premier peuple de l'histoire ancienne. Aujourd'hui les trônes renversés ou chancelants, le destin des États, le sort des nations, cette lutte terrible des vieux préjugés et des anciennes passions contre des idées nouvelles plus favorables à l'humanité, ces jeux de la fortune, ces ligues funestes, voilà les grands objets dont les esprits sont occupés. » C'était là aussi le secret de cette admiration renaissante pour Corneille à qui cette bonne fortune ne manque jamais d'être, chez nous, le poète à la mode, quand se ranime le goût des grandes choses. Ce culte de Corneille ne nuisait point à Racine. Geoffroy a très bien compris cette éloquence du cœur et des passions qui est le propre de l'auteur de *Phèdre*. Sur l'éclat, sur le naturel, sur l'élégance de son style, sur l'art avec lequel il disposait ses plans, sur la vérité de ses caractères, il a tout dit. Enfin, ce qui était une œuvre difficile, après Voltaire, il a indiqué comment Racine ressemble aux anciens et dans quelle mesure il les imite ; il a su lui faire sa part de gloire sans rabaisser ses maîtres. Il n'est pas moins judicieux quand il apprécie Molière. Le mérite était moindre, il est vrai, car le XVIII° siècle avait respecté l'auteur du *Misanthrope* ; on l'imitait assez mal, mais on savait l'admirer.

C'est à Voltaire que Geoffroy s'attaqua surtout. Il ne voulait voir dans le culte de ses contemporains pour Voltaire, poète tragique, qu'une conspiration contre Corneille et Racine ; il ne se trompait qu'à demi. Voltaire, comme de nos jours Victor Hugo, avait séduit son siècle. Personne ne s'entendait à ce point à flatter les jeunes écrivains. Quiconque tenait une plume, s'il consentait à le louer, était sûr d'être loué à son tour. Du fond de sa retraite de Ferney, Voltaire écrivait des lettres où les éloges se tempéraient de quelques conseils ; elles étaient des passeports auprès du public. Incomparables par le tour et par le style, elles servaient dans les salons la gloire du maître et elles lui faisaient des amis prompts à le défendre. Tout un cortège d'admirateurs s'était ainsi formé. Ils remplissaient les journaux et les académies ; ils décidaient au théâtre du succès des pièces nouvelles. Or, Voltaire, avec la perspicacité du génie, comprenait tout ce qui manquait à ses œuvres tragiques ; il osait parfois se l'avouer à lui-même, il le confiait même aux autres. Le plus souvent, il cherchait à se faire illusion sur ses défauts ; il retouchait une scène, polissait quelques vers, et il ne lui déplaisait pas d'apprendre à toute l'Europe qu'il avait travaillé vingt ans à faire de *Mérope* une tragédie parfaite. Ses disciples, qui savaient son faible, le louaient sans mesure. La Harpe le mettait au-dessus de Corneille et de Racine ; Marmontel ne permettait à personne de pousser plus loin l'hyperbole, et le public suivait les critiques comme il les suit toujours. Si l'on ajoute que ce théâtre de Voltaire avait, après tout, des beautés réelles ; qu'il étonnait par d'heureuses hardiesses, qu'il flattait les passions du temps, qu'il était philosophique et frondeur, on s'expliquera sans peine sa prodigieuse fortune. Avant comme après la Révolution, Voltaire était le poète à la mode. Chateaubriand, lui-même, à qui nous devons maintes pages de forte critique, fut séduit comme les autres ; il mit *Mérope* et *Zaïre* à côté d'*Andromaque* et d'*Athalie*. Geoffroy fut le premier qui porta la main sur l'idole. Il fit voir que Voltaire avait fait de beaux romans plutôt que de belles tragédies. Il dénonça la combinaison faible de ses plans, l'arrangement factice de ses situations où se révèlent plus de dextérité et plus d'artifice que d'art réel. Il compara son pathétique forcé et ses parades larmoyantes aux solides beautés de Racine qui naissent du fond du sujet, du jeu des passions et du choc des caractères. Il analysa ses tirades brillantes et il en fit sentir le vide, les idées superficielles et le clinquant. Il s'en prit au style lui-même, à ce style dont on vantait le coloris magique et il prouva par des exemples qu'il est, le plus souvent, lâche, diffus et gonflé d'épithètes oiseuses. Il osa dire aux rimeurs qui mettaient en pièces les hémistiches du poète, que sa versification était flasque, commune et prosaïque. On reconnut dès lors que la vivacité, la franchise, la limpidité, le tour naturellement français sont les qualités, non des vers, mais de la prose de Voltaire. L'opinion de Geoffroy scandalisa ses contemporains ; elle est devenue l'opinion commune. Tout le monde répète aujourd'hui comme des vérités banales, les jugements qu'il a portés sur les tragédies de Voltaire ; ils n'en attestent pas moins le goût, la saine raison et même le courage de celui qui le premier vit clair et mit en lumière la vérité.

L'ancien répertoire n'a pas une pièce de quelque mérite, tragédie ou comédie, que Geoffroy n'ait appréciée. Il a très bien démêlé les qualités distinctives de Régnard, de Gresset et de Piron et il a laissé peu de chose à dire sur les imitateurs de Corneille et de Racine. Ses réflexions sur Marivaux sont fines et justes. Il vante les situations piquantes, les détails enchanteurs, les mots heureux des comédies de cet auteur et surtout l'inépuisable fécondité avec laquelle il a su varier un fonds uniforme. Il montre avec quel art Marivaux « nous intéresse à la destinée de ces amours qu'un instant fait éclore, qui ne vivent qu'un jour et qui parcourent en si peu de temps leurs diverses périodes. » En revanche il est dur pour Diderot et pour toute cette école qui prétendit faire de la comédie un catéchisme de morale. La théorie du drame nouveau lui paraît un chef-d'œuvre de niaiserie lourde et sérieuse. Les succès de La Chaussée ne le désarment pas. Le drame n'était, pour lui, qu'un roman dialogué, un genre destructeur de la tragédie et de la comédie, propre à séduire le vulgaire et à le faire larmoyer. Substituer aux grands sentiments qu'engendre la tragédie des commotions violentes et mettre le secret de l'art à faire pleurer, c'était, à ses yeux, détruire l'art lui-même. Le drame nouveau n'était, d'ailleurs, qu'un bâtard de la tragédie en décadence. « Le grand principe de l'école de Voltaire, disait Geoffroy, c'est qu'on a tout fait, quand on a fait pleurer dans la tragédie ; on n'a cependant rien fait que ce que font encore mieux les plus chétifs romans. C'est par des situations romanesques que la tragédie s'est corrompue et dégradée ; les novateurs ont essayé de suppléer par l'intérêt au talent qui leur manquait, ils ont tous visé au cœur, qu'on surprend aisément par un faux pathétique, mais ces prestiges aujourd'hui sont usés ; il n'y a point de vrai succès à espérer dans la tragédie, sans style, sans vraisemblance, sans profondeur, sans force et sans vérité dans les pensées et dans les caractères ». C'est contre Beaumarchais, surtout, qu'il déploie toute sa verve satirique, on pourrait dire toute sa colère. Il poursuit en lui l'ami des philosophes, l'un des hommes qui, sans le savoir, contribuèrent le plus à hâter la chute des vieilles institutions ; sa haine l'aveugle. Il met Beaumarchais bien au-dessous de La Chaussée. A l'entendre, il n'a point d'art, son style est un continuel amphigouri ; ses plans semblent tissus par la folie ; ce n'est pas même un écrivain ; c'est un aventurier et un chevalier d'industrie qui s'est faufilé parmi les gens de lettres ; il ne veut ni instruire, ni amuser les hommes; il les éblouit et les trompe. Son dialogue n'est qu'un tissu de calembours, de coq-à-l'âne et de proverbes ignobles, un mélange de plat et d'ampoulé, de trivial et de précieux, un galimatias, en un mot, tel qu'on n'en trouve nulle part. Le *Mariage de Figaro* n'est point épargné. « Cette débauche d'esprit, ce style dévergondé excite encore de temps en temps le rire de la farce, mais on le méprise après en avoir ri. Les deux premiers actes offrent des lueurs d'intérêt et quelques situations; les deux derniers ne sont que des parades espagnoles et italiennes. Ce qui m'étonne surtout c'est que Beaumarchais, vivant dans le grand monde et dans la bonne compagnie, ait souvent un si mauvais ton, un ton si détestable, le bavardage et l'emphase d'un pédant. Sa pièce est un mélange monstrueux de traits d'esprit et de facéties grossières, grotesquement exprimées. Un pareil ouvrage ne fait d'honneur ni à l'auteur, ni au siècle; du côté du goût, il est barbare; du côté de la morale, il est méprisable; mais, comme monument historique, comme témoin qui constate l'état des choses, sur la fin de la monarchie, il est précieux. » Nous n'estimons guère plus que Geoffroy le caractère de Beaumarchais, mais nous avons meilleure opinion de son talent. Il circule dans certaines de ses pièces un souffle qui les anime ; elles vivent, longtemps après que les abus qu'elles dénonçaient ont disparu ; il faut donc croire qu'elles ne sont ni si mauvaises, ni si vides de sens.

Geoffroy n'eut à porter sur aucune grande œuvre contemporaine un de ces jugements qui donnent la mesure d'un critique. Nul ouvrage de premier ordre ne fut représenté pour la première fois de 1800 à 1814. Legouvé, Lemercier, Ducis, Chénier, Renouart, Duval, Picard, Andrieux étaient alors les maîtres du théâtre ; on sait leurs noms, mais on lit peu leurs ouvrages. Seule la tragédie des *Templiers* fut accueillie comme un chef-d'œuvre ; on regarda Renouart comme l'héritier de Voltaire. Geoffroy ne partagea pas l'illusion du public ; son appréciation, qui parut injuste ou sévère à ses contemporains, était, à tout prendre, fort équitable. Cette tragédie est, en effet, médiocre. Constater qu'on y trouvait quelques belles scènes, quelques mots, quelques tirades, c'était en parler en critique. Picard était de tous les auteurs de ce temps celui que préférait Geoffroy et cette préférence s'explique d'elle-même. Il règne, dans son théâtre, un comique vrai ; il a des mots heureux et des traits dignes de Molière. Son dialogue abonde en saillies ; il est vif et enjoué. Geoffroy le loue de se mettre à la portée de tous, de choisir ses portraits dans la vie commune, et de peindre les mœurs du jour et les ridicules dominants dans la société. C'est là, en effet, le caractère particulier des œuvres de Picard ; elles ont prodigieusement amusé ses contemporains, on les lit encore aujourd'hui et non sans plaisir. On peut dire de son théâtre tout entier ce qu'on a dit de la pièce des *Ricochets;* il est gai, leste, court, amusant et moral. Toute cette critique sur les poètes du jour est judicieuse; elle est rude quelquefois dans la forme, mais elle est définitive quant au fond et c'est l'essentiel. Ducis, qu'on ne lit plus guère, mais dont le talent était supérieur à son œuvre tragique, ne trouva pas grâce devant Geoffroy. Il est vrai que le critique n'aimait pas les atrocités anglaises. C'était, à son avis, ravaler notre scène « que de régaler la nation française des farces lugubres et dégoûtantes de ce poète barbare qui n'eut jamais d'autre guide qu'une imagination déréglée et sauvage »; c'était nous ramener à l'enfance de l'art « que de souiller avec ces monstres de l'antique barbarie une scène perfectionnée par tant de chefs-d'œuvre, et faite pour servir de modèle à toutes les nations de l'univers ». Le tragique de Shakespeare ne lui paraît bon qu'à effrayer la canaille de Londres, et ses femmes, lady Macbeth, par exemple, ne sont que des caricatures plus faites pour le sabbat que pour le théâtre. Il raille la fureur comique de Voltaire qui s'emporte contre l'anglomanie après l'avoir introduite chez nous. Geoffroy qui n'est pas plus tendre que les romantiques pour le style des classiques de la décadence est donc bien loin de partager leur admiration pour Shakespeare. Il ne se doutait pas que le temps était proche où « par d'indiscrets éloges de ce poète, on allait fouler aux pieds les couronnes de Racine et de Corneille ». Au fond, il pensait comme Voltaire et il se trompait comme lui.

Geoffroy, qu'il parle du passé ou de ses contemporains, est donc, avant tout, malgré quelques erreurs, un critique judicieux. Il voit juste et il dit nettement ce qu'il a vu. Il faut des qualités diverses pour être un grand critique, mais le discernement est la première de toutes. On a écrit de belles pages sur *Athalie;* Boileau n'en a dit qu'un mot, mais ce mot, à cette heure-là, était décisif. Il est arrivé à Geoffroy de dicter le jugement de l'avenir; il mérite donc d'être compté parmi les critiques. On ne saurait le défendre tout à fait de certaines accusations. Il y a de l'âpreté dans le ton de ses articles; certains mots qui sonnent mal reviennent souvent sous sa plume. Il a quelque chose du geste et de l'attitude d'un lutteur. On sent qu'il se plaît, lui aussi, au bruit des armes; qu'il l'aime et qu'il le cherche. C'est un défaut peut-être; l'aménité sied mieux à la critique, mais ce défaut tient au caractère de l'homme et il ne va pas sans quelques qualités. Il est des écrivains que rien n'émeut; ils parlent du bien et du mal avec une égale indifférence; tout sujet leur paraît digne de leur curiosité; ce sont, par excellence, des critiques et peut-être les premiers de tous. On peut concevoir, cependant, une autre manière de juger les hommes et les choses. En présence de la médiocrité triomphante, certains esprits s'irritent et s'emportent; ils haïssent le laid et le faux comme ils aiment le beau et le vrai et ils s'en expliquent franchement. Geoffroy était de ces derniers; il a déchaîné contre lui bien des haines, mais il a entretenu dans le public le goût d'une saine littérature. Il a été utile à son heure et il a servi le théâtre en maintenant très haut son idéal. Son nom n'a point péri, et quiconque lira ses œuvres tiendra son talent en haute estime.

La critique, telle qu'on l'entendait alors, ressemblait peu à celle d'aujourd'hui. Elle n'était pas moins bonne et je ne voudrais pas dire qu'elle fût meilleure ; elle était certainement moins aimable et elle faisait moins de part à la fantaisie. Elle avait autant d'esprit que la nôtre, seulement c'était un esprit tout différent. Nous l'emportons en grâce, en facilité, en abandon ; nos critiques discutent moins ; ils se mettent plus au large ; ils ont, si j'ose le dire, l'imagination plus heureuse ; les critiques d'autrefois cherchaient peu à briller ; ils se distinguaient par la solidité de leurs jugements ; en général, ils allaient au but plus vite. Je ne décide pas entre les deux manières ; je craindrais de manquer d'impartialité envers nos ancêtres. Leur éducation était fort différente de la nôtre ; ils avaient, je l'ai déjà dit, des principes qui, bons ou mauvais, leur servaient de règle ; leur tâche en était plus facile. C'étaient des classiques, et nous sommes, même malgré nous, des romantiques. Les classiques à l'exemple de M. de Buffon, portaient des manchettes de dentelle ; ils ne se présentaient au public que galamment habillés ; ils avaient des autres et d'eux-mêmes un certain respect que nous avons perdu. Les romantiques ont mis à la mode les attitudes familières. L'écrivain se livre au public tel qu'il est ; il prend ses lecteurs pour des amis plutôt que pour des juges ; de là plus de penchant à parler de tout à propos de rien. Faut-il ajouter que pour les grands sujets nous arrivons trop tard; que sur Corneille, Racine, Molière, Regnard et les autres, le plus naturel, c'est-à-dire le meilleur, a été dit. Force est donc puisqu'enfin l'on ne saurait se taire, ou de raffiner sur le passé, ce qui est dangereux, ou de ne parler que du présent, ce qui est un peu maigre, ou de parler à côté. C'est à ce dernier parti qu'on s'arrête souvent et le mal n'est pas grand; la faute en est au temps plus qu'aux hommes. On peut dédaigner le passé; on peut aussi le louer et se donner le malin plaisir de rabaisser le présent. Ce qu'il faut constater, au milieu des variations de la critique, c'est l'abondance toujours renaissante des talents. Geoffroy a eu de nombreux successeurs; ils ont été, ils sont encore dignes de lui — à l'indulgence près, du moins, pour la plupart.

M. HALÉVY A L'ACADÉMIE

M. Ludovic Halévy est un homme heureux ; il comprend et même il ose avouer tout haut son bonheur ; par ce temps de pessimisme à outrance il est doux de l'en croire sur parole. Fils d'un lauréat de l'Académie et neveu d'un académicien, M. Ludovic Halévy ne doit son titre d'immortel qu'à lui-même. Parmi les hommes qui ont doucement attendri ou fait rire la génération contemporaine, il tient une des premières places. Il se peut que dans le monde de l'Institut, on ait fait des réserves sur la nomination de M. Halévy, mais l'opinion générale a fort bien accueilli le choix de l'Académie. M. Halévy a prouvé, tout de suite, que pour avoir été longtemps l'un des auteurs préférés du boulevard, il n'en sait pas moins se servir habilement de la langue qu'on parle à deux pas de la statue de Voltaire. L'éloge qu'il a fait du comte d'Haussonville est, de tous points, parfait ; mesure, distinction, fleurs naturelles du langage, tout s'y trouve ; c'est un modèle de style académique au meilleur sens du mot. M. Labiche, lui aussi, avait loué avec un charme exquis, l'homme du monde qui lui ressemblait le moins, M. de Sacy. En vérité, quand il s'agit d'un auteur dramatique, il faut s'attendre à toutes les surprises. On vient à l'Institut pour voir un homme bien vivant brûler des parfums en l'honneur d'une ombre, et l'on assiste à une résurrection. J'ai revu M. d'Haussonville comme j'avais revu autrefois M. de Sacy. Ils ont revécu un moment, tels qu'on les a connus ; celui-là alerte et gai, homme d'action autant qu'écrivain ; celui-ci plein d'aménité, d'une bonhomie souriante, un classique de la vieille souche ; et ils ont dû cette faveur à des hommes qu'ils connaissaient peu ou point. M. d'Haussonville avait-il vu *Froufrou?* peut-être ; quant à M. de Sacy, il a avoué qu'il n'allait pas au théâtre, une fois, en dix ans. Si j'osais souhaiter une dernière bonne fortune à l'homme le plus heureux de ce temps-ci, à un écrivain très haï et très aimé, et à tout prendre, au plus remarquable de nos contemporains depuis que Victor Hugo sommeille au Panthéon, je formerais le vœu qu'il se rencontrât quelque jour, dans cinquante ans, le plus tard possible, un auteur dramatique pour l'apprécier ; ce serait là, certes, un sujet humain, ondoyant et divers ; il est vrai que pour nous le rendre dans sa vérité, il faudrait peut-être un Molière. Puisque j'en suis à faire des souhaits, je ne m'arrête plus. Quand [ce sera le tour de M. Meilhac d'entrer à l'Académie, et ce tour-là viendra bientôt, je désire qu'il trouve pour lui donner la réplique, un auteur dramatique. Ce bonheur-là n'a point manqué à M. Halévy ; oui, décidément, M. Halévy est un homme heureux.

Un discours de M. Pailleron, à l'Institut, est un régal pour tous les amateurs de spirituelles malices et d'anecdotes bien contées. Personne ne sait, comme lui, donner un tour nouveau à la vérité ; et ce n'est pas là un mérite vulgaire. Le style académique de M. Pailleron a une saveur toute particulière ; c'est encore le style du théâtre. Ses phrases s'aiguisent en traits qui frappent juste et qui frappent fort. M. Pailleron est surtout un frondeur ; il a fait, si j'ai bonne mémoire, plus d'une satire avant d'être auteur dramatique ; et à l'Académie, encore, quand il ne loue point, on sent qu'il combat et qu'il aime la bataille. Il a fort bien loué M. Halévy, dignement, avec ces réserves fines qui donnent du prix à l'éloge ; d'un mot juste il a caractérisé *Froufrou*, *Fanny Lear* et *les Sonnettes,* et il n'a été ni moins heureux, ni moins juste, en appréciant les *Cardinal* et même l'*Abbé Constantin*. M. Halévy, grâce aux aptitudes merveilleuses de son intelligence dramatique, peut être à la fois l'auteur préféré des femmes honnêtes et de celles qui ne se piquent pas de vertu. Celles-ci lisent ostensiblement l'*Abbé Constantin*, et les autres *M. et M*^{me} *Cardinal*, tant il est de bon goût de paraître ce qu'on n'est pas. M. Pailleron nous a dit tout cela si bien, qu'on se sent un peu honteux d'en parler après lui.

Si M. Pailleron sait louer mieux que personne, il faut reconnaître qu'il est un maître dans la satire. Il a fait bon visage et bon accueil à M. Halévy, mais il a vertement daubé, chemin faisant, tout ce qui ne ressemble pas à son nouveau confrère. L'Académie n'a point de tendresse pour les naturalistes ; ils ont introduit dans le langage littéraire trop de mots « qui ne flairent pas bon » et trop de choses qu'on ne nomme familièrement que sur les boulevards extérieurs ; M. Pailleron a parlé pour l'Académie. Vous prétendez qu'il faut bannir toute convention du théâtre, y mettre des hommes de chair et d'os, avec leurs vertus et leurs vices, leurs vices surtout ; vous voulez qu'on y voie Coupeau « gesticulant et hurlant » ; Fanny Legrand se roulant sur la scène et mordant les planches ; M. Pailleron vous répond que ceux qui parlent de vérité au théâtre, le font sourire ; il explique que tout y est faux, convenu, arrangé, tout, depuis le ciel en toile jusqu'au soleil en gaz, depuis l'acteur jusqu'à l'auteur et au spectateur lui-même ; car, tous se sont fait un visage, un langage, des sentiments de pure convention. Vous voulez le réel, vous êtes de ces gens qui ne croient plus

> Qu'aux choses que l'on touche,
> Au pain qu'on mange, au vin qui parfume la bouche,
> Au corps voluptueux qui frémit sous la main ;

— Si la censure n'y veillait pas, votre hardiesse pousserait l'actrice à dépouiller toute pudeur, à tenir les propos et à faire les gestes d'une *Mouquette*, et M. Pailleron, lui, pense qu'il est nécessaire de produire au théâtre des hommes qui rient d'un autre rire et qui pleurent d'autres larmes, des hommes meilleurs que nous ou du moins tout autres. Vous proscrivez l'idéal, vous nous roulez dans la fange, vous nous prouvez que la vie est plate, sans espoir, faite de misères, vainement agitée de désirs, et M. Pailleron voudrait que la fiction touchât un instant à cet idéal de justice, d'honneur, de pureté et d'amour qui est dans l'homme. Les doctrines sont de tout point différentes. M. Pailleron a-t-il raison? je le pense; les idées qu'il défend seront-elles encore longtemps triomphantes? je voudrais le croire. L'Académie excommunie le naturalisme, mais le naturalisme s'obstine dans son impénitence et il recrute des adeptes; il excite, chez nombre de jeunes gens, un enthousiasme presque égal à celui qui accueillit jadis le romantisme. L'*Arlésienne*, dédaignée naguère, a réussi, l'an passé; et l'*Assommoir* a fait le tour du monde.

N'est-ce pas un peu parce que nous sommes malades que le naturalisme est si bien portant? Malades, certes, nous devons l'être; c'est à nos incessantes préoccupations politiques, à nos engouements de valétudinaire dans les petites choses, à nos terreurs puériles dans les grandes, à notre passion malsaine pour la littérature salissante, à la lassitude de nos espérances que M. Pailleron reconnaît les symptômes du mal qui nous mine. Ce mal est grave et il ne manque pas de médecins pour le signaler et le maudire ; mais le remède, qui nous le donnera ? C'est au moment même où l'homme prend plus complètement possession de la nature, au moment où il fait des forces physiques inconscientes les agents de sa fortune et de son bien-être qu'il en vient à douter de l'utilité de ses efforts. Naturalistes et pessimistes ne veulent plus voir de la vie que son terme fatal, la mort. A quoi bon lutter, combattre, essayer de devenir meilleur, puisqu'il faut aboutir au néant ? Le mépris de la vie, de soi-même et des autres, n'est-il pas le dernier mot de la philosophie ? Et si vraiment les cœurs, je n'ose pas dire les âmes, souffrent de ce mal, comment voulez-vous qu'ils soient gais ? Pour le naturaliste, l'homme est un être faible, souffreteux, indifférent au bien et au mal, méchant par nécessité ; ce n'est pas lui qui, jamais, mettra sur la scène un Rodrigue affrontant la mort pour venger son père, un Polyeucte mourant pour son Dieu. A ses yeux, Rodrigue et Polyeucte sont des insensés ; la nature ne commande à personne de mourir pour son voisin. Il ne faut plus parler de l'idéal à ceux qui se sont interdit tout espoir ; plus l'homme sera vil, plus il sera digne de sa misérable destinée, et plus ils seront contents. Si cette conception de la vie devient celle du plus grand nombre, l'avenir est au naturalisme ; si elle n'est, et je veux l'espérer, que la conséquence de causes fortuites et passagères, l'idéalisme reprendra vite le chemin qu'il a perdu. « Le long espoir et les vastes pensées » avaient été jusqu'ici le privilège de la jeunesse ; de notre temps, l'idéalisme et les idées généreuses, au théâtre, dans la presse, dans les écoles de philosophie, dans le roman, sont surtout défendues par des hommes parvenus au déclin de l'âge mûr et par des vieillards. Ce fait même que c'est la jeunesse qui est triste et morose, me semble propre à rassurer ceux que l'avenir inquiète. Les jeunes gens d'aujourd'hui sont nés dans les dernières années de l'empire ; ils ont été attristés d'abord par le deuil de la patrie ; issus de la race la plus expansive qui ait jamais été, ils ont dû se replier sur eux-mêmes. Leurs aînés avaient vu quelques journées glorieuses ; ils avaient une foi invincible dans la force de la France ; eux n'ont été témoins que de ses défaites et de son humiliation ; de là, sans doute, vient leur penchant à tout voir en laid et ce dégoût de l'existence qui passera, car il est impossible que les hommes renoncent longtemps à l'espérance. Si j'osais, ici, donner mon avis, je dirais à M. Pailleron et à tous ceux qui savent se faire écouter de ne pas trop décrier notre temps, de ne pas trop nous induire à croire que notre mal est incurable. Il faut seulement que nous en sentions assez la gravité pour avoir à cœur de former des hommes plus robustes que nous, et de corps et d'esprit. Ces réflexions sont bien graves: mais si le discours de M. Pailleron est œuvre gracieuse et de forme légère, il n'en est pas moins plein d'idées très sérieuses.

La politique qui accapare notre vie, M. Pailleron lui-même l'a dit, n'a pas été tout à fait exclue de la fête que nous a donnée l'Académie. On a lancé, chemin faisant, quelques traits aux hommes politiques d'aujourd'hui : ils en reçoivent tant et de tous côtés, qu'il eût été de bon goût peut-être de les ménager. La besogne qu'ils font n'est pas toujours très bonne, je le veux bien : mais elle est si difficile ! A faire des comédies on court la chance d'être applaudi ou de ne l'être pas, car on ne siffle plus au théâtre ; les plus heureux, MM. Halévy et Pailleron en sont la preuve, prennent place parmi les immortels, aux applaudissements des lettrés; on les aime, on se nourrit de leurs belles pensées; à vouloir gouverner les hommes chez nous du moins, on ne recueille guère que des injures; les plus forts et les meilleurs succombent vite sous le fardeau. Pour moi, j'estime, j'admire tout honnête homme qui, n'y étant forcé ni par son nom, ni par aucune obligation quelconque, entreprend de nous gouverner. Je vois bien les ennuis et les dangers de sa tâche, mais, en vérité, je ne sais pas où en sont les profits. Si quelque honnête ministre de ce temps-ci écrivait un jour ses mémoires, nos petits-neveux sauraient que le monde de la politique n'est pas le monde où l'on s'amuse. Autrefois valait-il mieux qu'aujourd'hui ? je ne sais. Sous le règne de Louis-Philippe si cher à tant d'académiciens, bien des choses, certes, étaient bonnes; et pourtant les ministres, pendant dix ans au moins, passèrent vite ; les émeutes aussi n'étaient pas rares, sans compter que, de temps en temps, on s'attaquait au roi lui-même. Les hommes d'alors ne trouvaient pas que tout fût pour le mieux ; ils se plaignaient de la platitude de leur temps et de son égoïsme. Nos rêves aiment à se jouer dans le passé. « Comparer, dit excellemment M. Pailleron lui-même, le successeur à son prédécesseur, c'est comparer le présent au passé, une célébrité à une gloire et, pour tout dire, un vivant à un mort; dans ces conditions, il est naturel qu'on ne trouve jamais personne qui soit complètement apte à succéder. De là, des oppositions nombreuses et souvent passionnées. » La remarque est juste, elle est bonne; et elle ne s'applique pas moins aux gouvernements qu'aux particuliers.

Ce que nous voulons aussi constater, c'est le très vif succès qu'ont obtenu, devant le public de l'Institut, MM. Halévy et Pailleron.

L'ABBESSE DE JOUARRE

M. Renan n'avait jamais passé, jusqu'ici, pour un écrivain léger. Il avait traité gravement de graves questions; on pouvait détester ses doctrines, on devait reconnaître les hautes qualités de son esprit. On lui reprochait, et non sans cause, certaines admirations; on trouvait ses principes littéraires quelque peu flottants; on l'aurait voulu plus fidèle à lui-même. Ce n'était là, après tout, que de très pardonnables faiblesses; il en parlait, avec bonne grâce, comme de bagatelles qu'il convenait de passer à son âge et il traitait ses critiques « de puritains ». Le drame qu'il vient de publier, l'*Abbesse de Jouarre*, n'est plus une bagatelle. Par quelle erreur un tel écrivain a-t-il mis son nom sur une pareille œuvre? On l'ignore. Quel triste plaisir a-t-il pris à renverser le piédestal que lui avait dressé l'enthousiasme de ses admirateurs? Personne ne le sait. Ce livre a surpris tout le monde. Il a été donné à M. Renan d'étonner des gens qui ne s'étonnent guère. On nous a, dans ces derniers temps, offert d'assez vilaines choses ; nos yeux ont pris l'habitude de tout voir, nos oreilles de tout entendre, et la pruderie n'est pas à la mode. Les naturalistes n'ont reculé devant aucune peinture; leur maître s'est félicité d'avoir osé, le premier, parler couramment d'un acte qu'on ne nommait guère. Il en parle, en effet, et trop souvent, mais il ne le glorifie pas ; cet honneur était réservé à M. Renan. Son livre ne ressemble à aucun livre de ce temps-ci. Il cause au lecteur ce malaise qu'on éprouve en face d'un vieillard qui débite froidement des contes libertins. On croirait entendre un moine brûlé de convoitises qui regrette le temps perdu et assaisonne la volupté de paroles mystiques. C'est parmi les romans de la fin du siècle dernier qu'on lui trouverait des modèles ; ces modèles on ne les cite pas. La sensualité contemporaine est plutôt grossière que raffinée ; elle a la prétention d'être seulement naturelle, et peut-être ne se trompe-t-elle point. Il en est une autre plus dangereuse. Elle a besoin d'aiguillon; il lui faut du rare. Elle associe les contraires, ell mêle la douleur à la volupté; elle se plaît à flétrir tout ce qu'on respecte. Les roués qui habillaient en nonnes des filles de joie étaient pleins de cette sensualité-là. L'imagination y a plus de part que les sens; elle est le faible des vieillards plus que des jeunes gens. M. Renan a-t-il eu conscience de ce qu'il faisait? A-t-il voulu souiller à la fois l'amour et la mort ? Il ne nous appartient pas de le rechercher. On est en face d'un problème inexplicable. Tout ce qu'on sait de l'auteur dément l'œuvre. Elle existe pourtant ; elle est attachée au nom de M. Renan, et elle sera, désormais, contre lui un témoin des plus incommodes.

C'est un drame étrange que l'*Abbesse de Jouarre;* les réflexions qui lui servent de préface ne sont pas moins étranges que le drame lui-même. La vue des murs en ruines du collège du Plessis qui fut, pendant la Terreur, la prison des suspects a suggéré à M. Renan l'idée de son livre. Cette idée, il l'expose dans une page qu'il faut citer ; elle fera certainement fortune. « Ce qui doit, dit-il, revêtir à l'heure de la mort un caractère de sincérité absolue, c'est l'amour. Je m'imagine souvent que, si l'humanité acquérait la certitude que le monde dût finir dans deux ou trois jours, l'amour éclaterait de toutes parts avec une sorte de frénésie; car ce qui retient l'amour, ce sont les conditions absolument nécessaires que la conservation morale de la société humaine a imposées. Quand on se verrait en face d'une mort subite et certaine, la nature seule parlerait; le plus puissant de ses instincts, sans cesse bridé et contrarié, reprendrait ses droits; un cri s'échapperait de toutes les poitrines quand on saurait qu'on peut approcher avec une entière légitimité de l'arbre entouré de tant d'anathèmes. Cette sécurité de conscience, fondée sur l'assurance que l'amour n'aurait aucun lendemain, amènerait des sentiments qui mettraient l'infini en quelques heures, des sensations auxquelles on s'abandonnerait sans craindre de voir la source de la vie se tarir. Le monde boirait à pleine coupe et sans arrière-pensée un aphrodisiaque puissant qui le ferait mourir de plaisir. Le dernier soupir serait comme un baiser de sympathie adressé à l'univers et peut-être à quelque chose au delà. On mourrait dans le sentiment de la plus haute adoration et dans l'acte de prière le plus parfait. » Les pessimistes nous avaient conseillé de renoncer à peupler cette terre de malheurs; personne, avant M. Renan, n'avait imaginé cette fin du monde, dans un embrassement universel et prolongé. On ne croit pas qu'aux approches de l'an mil les hommes se soient enivrés de cet aphrodisiaque puissant. Ils vivaient dans la pénitence et il est à croire que, si l'ange qu'ils attendaient se fût montré, il ne les eût pas trouvés en proie à ces sensations et occupés à consommer « cet acte de prière le plus parfait ». L'imagination d'un philosophe peut seule enfanter de tels rêves, et il n'y a que la plume exercée d'un sage, au déclin de l'âge mûr, qui trouve de ces expressions délicieusement voluptueuses. Ce que ferait l'humanité devant la mort, deux êtres qui semblent condamnés sans appel le font au pied de l'échafaud. La conception est hardie et la situation, à la fin du second acte, est telle qu'on ne la supporterait guère au théâtre. L'œuvre vaut qu'on s'y arrête; j'essayerai de l'analyser. Il me sera plus facile ensuite d'en dire tout mon avis; si je me trompe, au moins je me tromperai seul.

Le marquis d'Arcy, un gentilhomme libéral de l'école de Turgot, attend, dans la prison du Plessis, l'heure d'aller à l'échafaud. Il ne regrette point de mourir, et, malgré les crimes dont se souille la Révolution, il pense qu'elle est légale dans son principe et qu'elle prépare le règne de la justice. Il convertit à ses idées le comte de La Ferté, prisonnier comme lui. Une seule chose lui rend dure l'approche de la mort, c'est de n'avoir pas auprès de lui, pour les embrasser une dernière fois, tous les êtres qui lui sont chers. D'Arcy n'a jamais eu qu'une passion ; il a aimé d'un amour tout platonique une jeune fille, belle, spirituelle, instruite, philosophe même, mais il ne l'a point épousée. L'abbaye de Jouarre était un fief de sa famille. Julie de Saint-Florent a pris l'habit religieux. Ce n'est pas qu'elle fût chrétienne à la façon du peuple, mais elle estimait, comme d'Arcy, que la réforme rationnelle de l'Église ne se ferait que par des personnes engagées dans l'Église même et libres de préjugés. C'est à cette idée qu'ils se sont sacrifiés ; c'est pour en faire une réalité qu'ils n'ont pas contracté une union « qui eût été la perfection du mariage ». Julie n'a quitté l'abbaye que par force en 1790 ; elle a refusé de suivre son frère dans l'émigration, et, depuis, elle a vécu ignorée et n'a abandonné ni sa robe noire, ni son bandeau. Cette femme idéale est amenée tout à coup dans le préau où d'Arcy s'entretient avec le comte de La Ferté. Ils se reconnaissent. D'Arcy s'approche, il veut la retenir auprès de lui ; elle hésite, elle pleure, mais elle se dirige enfin vers sa cellule. C'est là que d'Arcy s'introduit au second acte.

Ce second acte, à vrai dire, c'est presque toute

la pièce. Au début, Julie est seule; elle repasse sa vie dans son esprit; elle cherche à s'affermir dans sa foi philosophique; elle se demande, et l'on croirait entendre M. Renan lui-même, si elle a eu tort de suivre le mouvement des idées de son temps, quand il est devenu évident que les croyances reçues étaient, en beaucoup de points, insoutenables. Elle s'applaudit de n'avoir obéi qu'à la raison; elle est fière d'avoir aimé chastement un homme digne d'elle; elle sera heureuse de mourir avec lui et de mêler sur l'échafaud son sang au sien. Elle s'effraye pourtant, en présence de l'inconnu. « O Dieu, s'écrie-t-elle, j'ai eu tort sans doute de trop subtiliser ton existence. Une entité idéale ne me suffit plus; je voudrais un consolateur vivant. Préférer la pudeur à la vie, sacrifier tout au devoir abstrait, nous le faisons avec allégresse, mais qu'il y ait au moins quelqu'un pour nous voir, pour nous encourager, pour nous accueillir dans ses bras à l'extrémité de l'arène sanglante. Morne sérénité, tu ressembles trop au néant. O vide horrible! Quelqu'un, au nom du ciel! Quelqu'un! Je ne sais plus bien qui je prie, mais je prie. » De froides abstractions sont d'impuissantes consolatrices; on ne les aime pas. L'abbesse de Jouarre a perdu cet amour qui soutenait dans leurs cellules « les moins mystérieux » ; il lui faut quelque chose ou quelqu'un à sa place. D'Arcy se présente tout à coup. Aux premières paroles que prononce Julie, on sent qu'elle est perdue; elle ne sait cacher ni son amour, ni son trouble. D'Arcy, bien qu'il ait vaincu d'avance, n'en poursuit pas moins avec une dangereuse éloquence son œuvre de séducteur. Il se peut que ses idées ne soient que des sophismes. L'amour use de tous les moyens de persuader; il le fait, tantôt avec des paroles brûlantes, tantôt avec des mièvreries; ici, il se sert de grands mots et il se présente comme le plus sacré des devoirs. Il façonne son éloquence au gré de celle qu'il veut conquérir. Or, l'abbesse de Jouarre est une femme de la fin du XVIII° siècle, une de celles que l'esprit philosophique avait séduites. « On eût dit sainte Fare ou sainte Bathilde ayant lu Voltaire et commentant Rousseau. » Il faut donc lui parler le langage qu'elle entend. Ce langage, d'Arcy le connaît; il a lu *Candide* et l'*Ingénu;* il est capable lui aussi de commenter Rousseau, et il sait, sans doute, par cœur la *Religieuse* de Diderot. Au moment où tous deux sont arrivés, il n'y a pas, dit-il, de lendemain pour leur amour. Les lois qui régissent les hommes sont des conventions qu'il faut respecter, mais les hommes n'ont plus de droits sur ceux qui vont

mourir. Il faut que la vertu ait à la dernière heure
une rapide mais souveraine récompense. Le temps
passe et l'aube du dernier jour commence à poindre. D'Arcy prend un baiser sur les lèvres de Julie, et Julie ne résiste pas. Il s'exalte alors, il affirme que le bien est le but de ce monde, et que
l'amour est l'expression intense du bien. Le vœu
de Julie n'existe plus; elle, pourtant, se débat
encore; elle s'adresse au Dieu des âmes simples,
elle regrette de s'être fait une loi pour elle seule.
D'Arcy réplique, il repousse ses arguments et ses
prières; il invoque en faveur de son amour la
vertu, le devoir et jusqu'à Dieu lui-même :

« Si j'étais Dante, je ferais, dans mon Enfer, le
cercle des orgueilleuses qui ont vu dans le mépris des hommes une grandeur. La vertu altière
est chez la femme un vice... Vous, le don suprême
s'est présenté à vous dans des circonstances uniques et vous l'avez repoussé. L'ami parfait que le
ciel vous avait accordé, vous l'avez renvoyé à ses
pleurs... Votre tenue d'abbesse sera correcte;
ces vertus claustrales, dont vous avez vu mieux
que personne la vanité, seront intactes. La vraie
grandeur de la femme vous manquera. Le vrai
Dieu vous en voudra, si le Dieu des moines est
content. » Tout ce discours de d'Arcy est singulier. C'est un mélange de passion et de raisonne-

ment, de mysticisme et de sensualité. L'homme du XVIII° siècle, le disciple de Rousseau est là tout entier et il est peint par un maître. Ajoutez que les idées de d'Arcy sont souvent celles de M. Renan ; il parle comme M. Renan lui-même dans sa préface. Julie n'a plus rien à dire ; elle se rend et elle pleure. Il n'y a là peut-être rien de fort nouveau ; dans cette situation délicate le réaliste et l'idéaliste se ressemblent assez. On en jugera :

JULIE, *fondant en larmes.*

Ami cruel, qui venez porter le trouble dans des heures que je voulais sereines, j'ai tort de vous écouter, et, s'il y avait une issue à cette prison, je m'y précipiterais. Vos reproches me vont au cœur. Je n'ai pas d'assez bonnes raisons pour refuser, à celui que j'aime, une chose que je blâme. Tremblez : vous brisez un chef-d'œuvre, ma vie telle que je l'avais conçue et voulue. Malheur à vous ! Si je succombe, ce sera par amour.

D'ARCY

Oui, chère, c'est ce que je veux. Merci, merci ! C'est l'ami qui va mourir qui est à genoux devant vous, et vous demande d'emporter dans la mort un gage de votre amour.

JULIE

Ah ! d'Arcy ! d'Arcy ! Que me faites-vous faire ?

D'ARCY

On ne se trompe pas au moment de mourir. Je suis sûr d'avoir raison. (*Il prend un baiser sur sa joue; elle le lui rend. Le visage de Julie manifeste d'abord un trouble extrême, puis il apparaît rayonnant de volupté.*)

JULIE, *éperdue.*

Ami, ce moment est pour moi le commencement de l'éternité.

Les Mahométans n'en ont pas rêvé d'autre, et, parmi nos médiocres chrétiens d'aujourd'hui, il en est plusieurs qui se contenteraient de celle-là. Mais que dire de cette fin de scène et que penser de cet artiste? Si je ne me trompe, c'est là le vrai tel que nos réalistes eux-mêmes n'ont pas su ou n'ont pas osé l'exprimer. « Ah! d'Arcy! d'Arcy! Que me faites-vous faire? » Voilà, à part le nom du tentateur, les mots que répétera éternellement, au moment de la chute, la faiblesse féminine. Pour la première fois qu'il touche à l'amour, M. Renan, on le voit, n'y va pas d'une main légère.

Ce second acte finit parce qu'il est des choses que l'art, même le plus hardi, ne peut offrir, ni à l'oreille, ni à l'œil. Le troisième acte se passe dans la conciergerie de la prison du Plessis. Julie,

toute rayonnante d'amour, rend grâce à d'Arcy
« pour son acte de maître ». Elle ose lui dire
« qu'il l'a rendue plus chrétienne qu'elle ne
l'était » et elle se réjouit à la pensée « de toucher
le rivage glacé toute moite encore de ses baisers».
C'est la tendresse qui s'épanche après les longs
enivrements des sens. Tous deux, pourtant,
veulent mourir. C'est à la condition de mourir
que Julie s'est livrée « et la vie maintenant serait
l'horreur ». Elle vivra pourtant; on conduit d'Arcy
seul à la mort. Julie se livre au transport de son
désespoir; elle s'apprête au suicide. Un jeune
homme, un brillant officier de l'armée républi-
caine, paraît; il arrive du champ de bataille de
Fleurus, il a vu l'abbesse de Jouarre devant le
tribunal révolutionnaire, il a été frappé de son
calme et de sa dignité, il a demandé sa grâce et
il l'a obtenue ; elle est libre. Julie ne peut accepter la vie; elle remercie son généreux sauveur,
mais elle mourra. Elle s'excite à en finir par les
exemples de ses grandes sœurs païennes, Aria,
Lucrèce, Cornélie et elle demande du poison à
son gardien; il le lui refuse. Elle arrache alors
son bandeau, elle l'apostrophe comme fait Monime
dans *Mithridate;* l'âme pleine de trouble, elle
adresse à la vie de touchants adieux et elle se
repent « d'avoir dédaigné les formes extérieures

par excès d'idéalisme ». Elle parcourt ensuite à grands pas la salle de la prison, elle en examine les murs ; un panneau, qui déguisait une fausse porte, cède sous sa main ; elle referme la porte sur elle et elle essaye de s'étrangler avec son bandeau.

Dirai-je, maintenant, que la seconde partie de ce drame me paraît assez faible ? L'intérêt décroît presque à chaque page. Julie, sauvée de la mort malgré elle, écoute les avis d'un prêtre, l'abbé Clément, qui attendait à la Conciergerie l'heure d'aller à l'échafaud. Elle lui avoue sa faiblesse ; « elle a joui du ciel par anticipation ». Le prêtre lui explique qu'elle a péché parce qu'elle s'est mise au-dessus de la règle. C'est en vivant, en subissant la loi générale, qu'elle expiera sa faute. D'ailleurs, peut-être sera-t-elle bientôt mère et devra-t-elle gagner péniblement sa vie. Ces prédictions s'accomplissent à la lettre. Julie devient mère, et elle doit vendre des pâtisseries au Luxembourg pour vivre et pour faire vivre son enfant. C'est là que La Fresnais la rencontre, toujours belle et digne, et qu'il lui avoue son amour. Elle le repousse, mais elle s'attendrit. Nous la retrouvons, au cinquième acte, dans le parc d'un château à la Celle-Saint-Cloud. Le marquis de Saint-Florent, son frère, l'engage à ne point repousser La Fresnais dont il lui fait un pompeux éloge. Il sait le secret de la naissance de sa fille et il n'en veut pas moins l'épouser. Julie l'aime, mais elle hésite. L'Église ne peut bénir le mariage d'une abbesse et un mariage où n'interviendrait pas l'Église serait, à ses yeux, un acte de haute inconvenance. Le Concordat qu'on promulgue, en ce moment, lève toutes les difficultés. Elle cessera d'être abbesse comme Talleyrand cessera d'être évêque; la dispense est déjà prête. La Fresnais paraît alors et Julie consent à recommencer la vie avec lui.

Si M. Renan n'a voulu que piquer, par des paradoxes, l'attention de ses lecteurs, il a atteint son but. Son drame est une énigme et personne ne peut se flatter d'en saisir le sens. Est-ce un plaidoyer en faveur de l'amour, une protestation contre la guerre que les moralistes ont faite, de tout temps, à nos appétits sexuels? Il est permis de le croire. Naguère, dans cette confession célèbre où M. Renan s'examinait sur les quatre vertus dont on lui avait inspiré le goût dans sa jeunesse, il disait : « qu'il avait reconnu que la nature ne tient pas du tout à ce que l'homme soit chaste ». Récemment encore, dans un banquet où il parlait de tout et surtout de l'amour, il s'en exprimait comme aurait pu le faire le « sobre

Epicure » lui-même. Un philosophe ne va point au hasard, il sait où il tend, et par quelques longs détours qu'il marche à son but, il ne le perd point de vue. Le moment était venu pour M. Renan de dire son mot sur l'amour; il l'a dit hardiment. La sagesse païenne avait bridé les sens; le christianisme les avait enserrés dans des liens d'acier; de part et d'autre on croyait qu'ils s'affranchiraient toujours assez et peut-être ne s'abusait-on pas. L'Antiquité avait ses vestales comme le christianisme a ses vierges. Chez les anciens, comme chez nous, on entourait la mort d'un appareil mystérieux. Socrate, sur le point de boire la ciguë, éloignait les femmes et s'entretenait gravement avec ses amis. Caton lisait le *Phédon*, et les derniers représentants de la dignité romaine mouraient noblement. Ils ne faisaient point appel à la femme, et ils ne s'enivraient pas de cet aphrodisiaque puissant qui n'est, paraît-il, que l'avant-goût de l'éternité. L'idée n'était encore venue à personne de donner son heure suprême à la volupté. Personne, aussi, n'avait cru que, dans la nuit dernière, tout acte fût légitime et que tout fût pardonné. Quelque convaincu qu'on eût été, pendant sa vie, des droits de la nature, on bannissait la volupté aux approches de la mort. Etait-ce un préjugé? On le croirait à lire M. Renan.

Toute une moitié de son drame n'est qu'une démonstration des droits supérieurs de l'amour. D'Arcy, avant de s'introduire dans la cellule de Julie, a pris conseil de la mort et c'est la mort qui l'envoie vers l'amour. Il parle comme aurait pu le faire un prêtre de Vénus. Ce n'est pas un libertin que ses sens aiguillonnent, c'est un sage qui disserte. Ce n'est pas un homme qui veut posséder enfin une femme depuis longtemps aimée; c'est un philosophe qui veut sanctifier sa mort par l'amour. Le vœu de cette femme, son costume, sa mort prochaine la rendraient respectable à tout autre. D'Arcy ne s'y arrête point. Il faut que l'amour triomphe de tout, car il n'est pas seulement puissant, il est saint. Si telle est la théorie nouvelle, les passions sont à l'aise et cet instinct « sans cesse bridé et contrarié » peut reprendre ses droits. « L'amour, dit M. Renan, gardera toujours son caractère sacré. Dans les pays de foi naïve, comme la Bretagne, la pauvre fille qui s'abandonne au moment de la jouissance fait le signe de la croix. » Il l'affirme et je le veux bien. J'ai peine à croire, pourtant, que cette fille si simple s'imagine qu'elle accomplit ainsi « l'acte de prière le plus parfait » et qu'elle donne au bien son expression intense. Un esprit avisé peut seul en chercher si long.

Le caractère de Julie de Saint-Florent n'est pas moins énigmatique que le drame lui-même. Qu'une abbesse fût mondaine, on le concevrait; il en était de telles au siècle dernier; mais qu'elle soit incrédule et qu'elle prétende réformer le christianisme, voilà qui nous surprend. L'embarras de M. Renan, il est vrai, n'était pas médiocre. Quand on parle d'amour, il faut aussi qu'on y raffine. Induire doucement au péché une simple femme, c'est sans doute à merveille; mais triompher d'une abbesse, c'est mieux. Les raffinés distingueront cette nuance. Cette abbesse, dira-t-on, est incrédule; c'est qu'il eût été mal aisé de venir à bout, si vite et à pareille heure, d'une abbesse chrétienne. Si M. Renan a voulu rendre un hommage au christianisme, il faut avouer que cet hommage est délicat. L'amour se contente à moins et c'est quelque chose sans doute de faire tomber un voile et un bandeau. Il est vrai que l'un et l'autre tombent d'assez bonne grâce. Le sacrifice consommé, M. Renan, à défaut de l'amour, refait à son héroïne une virginité. Il faut que l'abbesse de Jouarre plaise aux idéalistes; elle se repentira donc. « Le vrai, le beau, le bien ont par eux-mêmes assez d'attrait pour n'avoir pas besoin d'une autorité qui les commande, ni d'une récompense qui y soit attachée. » Je le crois aussi ; je serais même heureux, pour cette noble doctrine, que l'abbesse de Jouarre, en face de d'Arcy, eût mieux senti l'attrait du beau, du bien et du vrai. M. Renan tient-il à prouver que la femme, incrédule ou croyante, attache à la pudeur un prix égal, qu'elle se sent diminuée quand elle l'a perdue ? On voudrait le penser. Une chrétienne, si elle avait failli, eût pleuré sa faute ; l'abbesse de Jouarre, philosophe, cherche le repos dans la mort. Que la raison cède à la passion, c'est l'ordinaire. Les sens assouvis, la raison reprend ses droits et la conscience fait expier au coupable des joies d'un moment. Quelle que soit l'expiation, elle existe, et c'est assez. Mais si Julie a péché, que deviennent alors les droits sacrés de l'amour et, si la nature n'exige pas de l'homme la chasteté, qu'est-il besoin de se tuer pour de vaines convenances ? Les contradictions sont à chaque pas. Lorsque Julie s'apprête à se donner la mort, elle invoque les noms d'Aria, de Cornélie, de Lucrèce. On ne sait pas trop ce que vient faire là Cornélie ; mais qu'existe-t-il de commun entre l'abbesse de Jouarre et ces nobles femmes ? Aria veut mourir parce qu'elle aime son mari ; elle le voit tremblant et irrésolu et elle lui enseigne, par son exemple, à sortir dignement de la vie. Julie de

Saint-Florent ne voudrait-elle donc mourir que parce qu'elle a perdu son amant? Que faut-il alors penser de son repentir? Regrette-t-elle d'Arcy et se repent-elle aussi de sa faiblesse? L'auteur ne le dit pas. Je sais que M. Renan ne travaille point pour le théâtre; il écrit pour des lettrés et ils n'ont besoin que d'un mot pour être avertis; encore fallait-il dire ce mot. Ajouterai-je que Julie se console trop vite et qu'elle se reprend à aimer d'assez bonne heure? Ne soyons pas trop dur pourtant. Quand une femme a cru voir l'éternité s'ouvrir au premier baiser de l'amour, a-t-elle si tort de tenter une nouvelle et plus longue épreuve? Julie de Saint-Florent ne le pensait pas et elle avait raison. La Fresnais, d'ailleurs, est tout à fait digne d'elle. C'est le plus débonnaire des amants. Tous les héros sont ainsi depuis Hercule; ces cœurs de lion battent trop vite auprès des femmes. Je ne trouve pas mauvais que La Fresnais s'accommode du passé de Julie; mais je voudrais qu'elle s'abstînt, par bon goût, de lui parler « de l'autre ». « Je suis convaincue, lui dit-elle, de n'être pas infidèle à l'homme grand et bon qui a été mon époux d'une nuit. Vous accepterez que son image ait la première place dans le sanctuaire de mes souvenirs. » Pauvre La Fresnais, il ne sera que le second toujours! Ne le plaignons pas trop pourtant ; c'est un habile peut-être. En amour les droits des morts tiennent si peu de place et sont si peu gênants !

Ce drame n'ajoutera certainement rien à la réputation littéraire de M. Renan. C'est la moins honnête de ses œuvres à coup sûr, et la plus faible, à mon avis ; la fable n'est pas moins invraisemblable que celle du plus grand nombre de nos drames romantiques, et l'action est double. La première repose sur un paradoxe tout à fait digne d'un Romain de la décadence ; la seconde n'est qu'un roman vulgaire. L'œuvre ne vaut, à vrai dire, que dans les détails. M. Renan, quelque chose qu'il écrive, est toujours un maître. Il trouve, sans effort, les mots les plus heureux ; il est simple et il surprend. Il a surtout une qualité que rien ne donne et à laquelle rien ne supplée ; il a le charme. C'est, sans doute, la qualité suprême ; elle a fait sa fortune littéraire et il lui doit ce privilège presque unique de captiver ceux-là mêmes que sa philosophie inquiète ou chagrine. Après tant de pages où tous les vices du style s'étalent orgueilleusement, on est heureux de rencontrer des façons de dire si naturelles. M. Renan sait se faire comprendre, et à merveille, sans néologismes ; il ne décrit pas ; il ne fait aucun effort pour atteindre au pittoresque ; il a le bon goût de dédaigner tous les artifices, grâce auxquels de médiocres artistes font illusion à un public qu'ils ont perverti. Ces mérites se trouvent dans l'*Abbesse de Jouarre;* ils y sont moins que dans les autres ouvrages de M. Renan. Quelque prix que j'attache à de telles beautés, j'aimerais mieux, pourtant, qu'il n'eût pas écrit ce drame. Nous y aurions perdu quelques belles phrases; en revanche, nombre de propositions téméraires et d'idées propres à troubler les consciences, n'auraient pas reçu l'appui d'un tel homme. On ne dirait pas, surtout, qu'il vient d'avoir, lui aussi, sa chute morale, comme plusieurs des grands esprits de ce siècle. La sensualité, on ne saurait le nier, déborde de son livre. Ce n'était pas la peine de se montrer si dur pour Béranger et pour nos vieux conteurs. Ils ont chanté gaiement les plaisirs sensuels; mais personne jamais ne les a pris pour des apôtres. M. Renan, lui, a doré la volupté; il lui a prêté le langage de la vertu ou plutôt il en a fait la vertu même. Or « la plus pernicieuse folie est celle qui ressemble à la sagesse. » Voilà ce que j'entends dire et je le regrette.

Ce qui manque le plus à notre époque, c'est le sens moral. A force de rire de tout et de faire étalage de scepticisme, on a fini par perdre jusqu'à la notion de la plus vulgaire dignité. Les manœuvres de la littérature, sous prétexte de réalisme ou de naturalisme, ne remuent que la fange et ils s'y roulent avec délices. On ne voit pas que le public leur en fasse honte. Le mal est partout et il vient de haut. De déplorables exemples ont été donnés par plusieurs de ceux-là mêmes qu'on avait appris à respecter; ils ont enhardi ceux qu'un reste de crainte ou de pudeur retenait encore. Voici maintenant qu'un académicien, qui, demain, distribuera des prix de vertu, fait en morale d'étranges écarts. L'antique Vénus renaît; telle est la divinité qu'une certaine philosophie recommande au culte des générations nouvelles. M. Renan a écrit de fort belles pages sur l'agrément et sur le néant de la vie; il a réjoui ses contemporains de son scepticisme aimable, on ne peut le nier, mais énervant. Le monde, malgré tout, veut vivre; il a besoin de se prendre à quelque chose. Les bras de Vénus sont ouverts; ils sont robustes et ils ont des étreintes pour tous. Que le monde s'y enlace et qu'il y vive; c'est là qu'est l'idéal, c'est là que s'accomplit « l'acte d'adoration le plus parfait ». Voilà le dernier mot de la sagesse. Les ennemis de M. Renan se réjouiront qu'il ait fait un tel faux pas, et ce sera leur droit. Quand on vantera ses savants travaux, on se souviendra, malgré soi, de ses distractions. Il a écrit, lui aussi, comme J.-B. Rousseau, son « *Gloria Patri* ». Il l'a voulu et c'est sa faute. Ne lui tenons pas trop rigueur, pourtant. Il lui reste à faire un grand ouvrage d'histoire religieuse et il ne « se permettra plus désormais de divertissement ». Il le dit et nous le souhaitons. Rien n'est plus terrible qu'un philosophe qui s'amuse.

LETTRE DES CHAMPS-ÉLYSÉES

La retraite du sage n'est pas fermée à tous les bruits du monde. Le sage, lui aussi, s'inquiète des vaines pensées des hommes; il affecte de les dédaigner, mais c'est pure comédie. M. Renan, qu'un de ses admirateurs aussi zélé que maladroit nous peignait naguère comme un demi-dieu plein de sérénité, s'est ému du tapage qu'on a fait autour de l'*Abbesse de Jouarre*. Il n'est pas plus qu'un autre indifférent au sort de ses idées; les traits qu'on lui lance ne sont pas tous perdus. Olympio, jadis, accablait les railleurs du poids de ses vers sublimes et quelquefois grotesques; M. Renan les traite plus doucement; il leur prodigue l'ironie socratique. Nous avons tous gâté M. Renan; nous ne le nommions jamais sans faire quelque allusion à Platon. Il y avait de l'hyperbole dans nos louanges et pourtant il les a acceptées. Il a fait lui aussi, « comme un rustique à qui l'on donnerait un parfum exquis à sentir, et qui, au lieu de le sentir, l'avalerait ». La louange « ce nectar qu'on sert au maître du Tonnerre » l'a grisé. Moins épris de lui-même et plus vraiment philosophe, il eût deviné qu'un journaliste qui parle de Platon, parle au hasard et il ne nous eût pas pris au mot. Mais la modestie excessive n'est le défaut de personne. M. Renan a voulu répondre à ses critiques (1) ; il l'a fait sous forme d'allégorie. Cette allégorie, il est vrai, n'est pas enveloppée de voiles fort épais. Platon, c'est-à-dire M. Renan, se défend contre les accusations d'un certain Euthyphron. Cet Euthyphron est un sot ; il représente la critique. M. Renan suppose tout à fait gratuitement que Platon, après la publication du *Phèdre*, passa tout à coup pour un écrivain immoral. « Le *Phèdre* est une ordure » avait dit Euthyphron, et Athènes, où les badauds, comme à Paris, étaient en majorité, avait répété le mot du critique à la mode. Platon raille agréablement Euthyphron ; il le traite avec ce dédain mêlé de compassion qui sied bien au génie. Il lui prouve que l'amour est chose sacrée à laquelle il

(1) Les citations entre guillemets sont empruntées à la préface de la 21ᵉ édition de l'*Abbesse de Jouarre*.

n'entend rien. La leçon faite, Platon « s'enfonce dans les sentiers de l'Hymette » et conçoit l'idée « du Banquet chez Agathon ». Cela veut dire que M. Renan ne s'en tiendra point à l'*Abbesse de Jouarre*. Il se plait aux fictions et les fictions ne nous déplaisent pas. Naguère il a évoqué des enfers Corneille et Racine, il fait aujourd'hui parler Platon ; imitons-le donc et que Platon lui réponde. S'il manque d'atticisme, c'est que l'atticisme est chose perdue. Le goût baisse, même dans les Champs-Élysées. Platon lit nos auteurs et il a désappris cet art exquis qui consiste à ne rien dire de trop. Ce n'est point, au surplus, à des Grecs qu'il s'adresse, mais à des Parisiens. Ceux-ci sont habitués à lire des romans toujours trop gros du double. Ils n'entendent plus guère les choses à demi-mot. Une mâle franchise convient, d'ailleurs, à ceux qui ont payé leur tribut à la vie ; quand ils parlent aux hommes, ils leur doivent la vérité sans fard.

— « Camillus (1), le messager des dieux, m'a remis hier ton *Abbesse de Jouarre* et tes *deux préfaces* ; je les ai lues et je ne t'en félicite pas. Il me semble que tu me connais assez mal. Jamais Euthyphron, et pour cause, n'a blâmé « mes idées por-

---

(1) Personnage du *1802* de M. Renan.

nographiques ». Il m'est arrivé quelquefois de dire du mal des femmes, et je m'en repens ; mais je n'ai conseillé leur culte à personne ; les hommes s'y portent assez d'eux-mêmes. Le *Phèdre* n'a déchaîné contre moi aucune colère. J'étais bien jeune quand je l'écrivis, et je n'avais pas de filles à marier. Si tu l'ignores, Euthyphron le savait bien. Mon livre plut à Socrate et il me mit en estime à Athènes ; voilà la vérité. La morale, je le sais, a fait des progrès depuis deux mille ans et plus. Ce qu'on pouvait écrire, chez nous, on ne le dirait plus à Paris ; j'y vois plus clair et je m'en réjouis. Tu me prêtes une faute pour pallier la tienne, cela te plaît et je ne m'en irrite pas ; ici, nous ne nous irritons de rien. Crois-moi, pourtant, parle désormais en ton propre nom. Ni Despréaux, ni Corneille, ni Racine, tes compatriotes, n'ont été contents du rôle que tu leur as fait jouer récemment. Hugo, lui-même, devenu modeste dans notre compagnie, a trouvé que tu manquais de mesure. Pour moi, quand tu me fais dire : « N'ayant jamais profané l'amour, j'ai plus de droits que personne à en parler » ou encore : « J'écris pour les purs, » je me sens mal à l'aise. S'il m'était arrivé de m'exprimer ainsi à Athènes, les enfants mêmes se seraient moqués de moi. Quant à toi, si tes compatriotes étaient encore tels qu'autrefois, quand Voltaire vint ici, tu n'aurais pas écrit impunément ces fadaises, mais l'esprit français, comme l'atticisme, a fait son temps et vous ne savez plus rire.

« Tu veux que ton *Abbesse de Jouarre* soit un bon livre; c'est ton droit; mais tu es à peu près seul à le vouloir. L'amour tel que tu l'as peint n'a rien d'immatériel; il court tout droit à son but « comme une bête sauvage » et ce n'est rien « qu'un commerce grossier(1) ». Cet amour-là, je l'ai blâmé dans le *Phèdre* et c'est bien vainement que tu allègues mon exemple. Il me paraît encore que tu ne sais pas toujours très bien ce que tu veux dire; je souhaite souvent que tu sois plus clair. Il m'est arrivé parfois d'être obscur; c'est notre défaut, à nous autres philosophes, je le sais bien. Il est, pourtant, une mesure en toute chose ; aussi, suis-je mécontent quand tu me fais parler comme voici : « La relation des deux sexes est une forme très limitée et très particulière de l'amour. La même fonction, qui fait que l'homme embrasse la vertu par goût pour la femme, et impose silence à ses objections contre la destinée à la vue de la grâce pleine de vénusté avec laquelle la femme s'y soumet, cette fonction con-

(1) Platon : *Phèdre.*

tribue au travail le plus abstrait; l'amour collabore aux recherches du géomètre, aux méditations du philosophe. L'être incomplet est stérile dans tous les sens. » J'avoue que, quand tu parles pour moi, je ne m'entends pas très bien; il est vrai que c'est ta faute. J'ai cru d'abord que j'avais tort de ne point comprendre et j'ai prié Voltaire de débrouiller ce chaos. Tout ce qui n'est pas clair, m'a-t-il répondu, ne mérite pas qu'on l'explique, et il a souri.

« Je serai franc jusqu'au bout. Ici nous trouvons que tu ne gagnes pas. La France ne nous envoie rien de fort bon depuis longtemps. Vous faites fête, là-haut, à des gens que nous ne recevrons point parmi nous. Vos artisans de paroles sont aussi méprisables que l'étaient nos sophistes. Vous ne savez plus rien dire simplement, et plus vos pensées sont vaines, plus vous vous étourdissez du fracas de vos phrases. A vrai dire, tu nous paraissais meilleur que beaucoup d'autres. Ce n'est pas que ta philosophie nous ait séduits; elle n'est ni bonne ni mauvaise; toute philosophie est vaine à nos yeux, car nous avons ici la clef de la grande énigme. Ce que nous aimions en toi, c'était l'artiste. De temps en temps il nous vient de Germanie des lourdauds qu'on a pris, sur la terre, pour des érudits; ils ne font que passer ici. Ils disent que ton savoir est mince ; ils t'accusent de ne connaître ni l'antique ni le moderne ; ils affirment même, mais je n'en crois rien, que tu te soucies fort peu de la vérité. Ils ne la connaissent pas plus que toi et nous rions de leur suffisance. Il courait dans tes livres un je ne sais quoi qui nous charmait. Vos grammairiens te reprochaient plus d'une faute ; ils trouvaient ta phrase indécise et molle ; ces gens-là ignorent que la philosophie aime à s'envelopper de nuages. Malgré tout on devinait une âme sous tes paroles ; ta pensée n'était point vulgaire ; tu étais grave avec agrément. Je ne retrouve point ces qualités-là dans ton *Abbesse de Jouarre;* elles n'y sont pas et toutes tes préfaces ne les y mettront point. Tu as parlé de l'amour sans grâce et sans délicatesse et tu l'as profané, malgré toi. Laisse ces sujets à la jeunesse ; il ne sied qu'à elle de se couronner de fleurs et de célébrer l'amour ; un vieillard est ridicule sous les roses. Renonce à décrire ce que tu connais mal ; repose-toi et jouis de ta gloire. Si tu veux écrire, souviens-toi que j'ai fait, dans ma vieillesse, la *République* et les *Lois.* Inspire la sagesse à tes concitoyens ; dis-leur d'être plus calmes ; ils en seront plus heureux. Voilà des occupations dignes d'un vieillard ; elles conviendraient bien à ta gravité.

« Que te dirai-je maintenant ? Racine te conseille de ne plus rien écrire pour le théâtre et il suffit à Hugo que tu l'aies loué une seule fois. Cette palinodie lui a plu dans ta bouche; mais il souhaite qu'on laisse désormais ce soin à quelque autre. Il a d'ailleurs perdu toute illusion sur ses drames et il ne tient point à cet honneur. Vos adulations ont fait qu'il se sent mal à l'aise en face de Corneille. Je t'écris, baigné de cette transparente lumière qui revêt les bienheureux dans les Champs-Élysées. Je pourrais te dire « qu'en ce moment le ciel et la terre échangent des baisers inouïs de tendresse; que les asphodèles sont comme ivres de rosée, que les cigales semblent affolées de leur chant, et que les abeilles font rage sur les fleurs », j'irais même ainsi longtemps si je m'en sentais le cœur. A Athènes nous évitions ce clinquant misérable. Si tu veux qu'on te lise encore ici, tu feras bien d'en faire autant. »

LE DRAME POPULAIRE

ET

LE NATURALISME

Le conseil municipal de Paris n'a pas que des idées mauvaises ; il se trompe souvent, mais il a quelquefois raison. Les autonomistes les plus farouches ne sont pas tous ennemis des arts ; il leur arrive de les protéger. La création d'un théâtre populaire à Paris est l'œuvre du conseil municipal et cette œuvre est excellente. Le radicalisme le plus radical a ses puritains ; ceux-là se sont dit que la littérature dramatique contemporaine n'enseigne au peuple qu'une morale fort relâchée et ils ont pensé que le café-concert n'est pas une école de bonnes mœurs. On ne peut pas dire qu'ils aient eu tort. Le pain « qui nourrit le corps » ne suffit pas, même aux démocrates; on a beau leur répéter, tous les jours, que l'âme « est une invention des curés », ils s'obstinent à ne point se prendre pour des bêtes, et ils ont raison. Leur âme quelle qu'elle soit, même périssable, a besoin d'aliments; elle aura tout ce qu'elle désire. On n'attendait pas du conseil municipal qu'il envoyât ses électeurs à la messe; il leur ouvre un théâtre, et c'est déjà beaucoup. Ce sera plus encore si l'on fait de ce théâtre une scène vraiment populaire, et si l'on y parle au peuple le langage que, sans doute, il est digne d'entendre. Les naturalistes y ont déjà pris pied. C'est là qu'ils comptent faire circuler ce large courant de vie réelle qui doit emporter les frêles constructions de nos modernes dramaturges. J'ai peur qu'ils ne tiennent pas toutes leurs promesses et j'en donnerai la raison. On me permettra de dire aussi, non pas ce qu'il faudrait faire, mais ce que je voudrais voir.

M Emile Zola écrivait récemment que le sort du drame populaire devrait, aujourd'hui, préoccuper tous les écrivains qui s'intéressent à l'avenir de notre théâtre. Rien n'est plus vrai. On peut affirmer aussi qu'aucune question n'a été plus débattue dans ces derniers temps. On reconnaît qu'il est nécessaire d'en finir avec les pièces à quiproquos. Toutes les drôleries qui ont réjoui le public, depuis quelques années, commencent à le lasser. On voudrait autre chose et l'on voudrait mieux, et c'est à bon droit. Les critiques discutent; ils appellent de leurs vœux l'heureux auteur qui va chasser de la scène nos marionnettes et y mettre de vrais hommes; il ne vient toujours pas. Chaque fois que les naturalistes font une tentative nouvelle, on se demande si le théâtre populaire tient son premier chef-d'œuvre; nous l'attendons encore. M. Zola nous le donnera-t-il? est-il à la veille de remporter cette victoire décisive qui gagnera la foule à la cause du naturalisme? On le souhaite, mais on l'ignore, et, s'il faut le dire, on en doute.

On a peut-être raison d'en douter. Ce qui manque le plus à M. Zola et aux naturalistes, ses disciples, c'est l'imagination dramatique. Ils excellent à accumuler les détails, ils peignent à merveille les fouillis, ils ont si l'on veut le don de bien voir, il leur arrive même de bien rendre ce qu'ils ont vu, mais leur observation s'égare sur trop d'objets. Leurs romans ne sont pas dramatiques; tout n'y concourt point à une action unique; ils vont au hasard comme la vie humaine, elle-même. Ceci n'est pas un reproche; ils le veulent ainsi, mais le théâtre veut autre chose.

Là l'auteur est renfermé dans d'étroites limites ; le temps lui est chichement mesuré ; il n'a pas le loisir de s'arrêter aux détails ; il peint tout en relief. Le roman s'attarde à tous les détours de la route ; le drame va droit devant lui. Nos romanciers sommeillent parfois, j'oserai même dire qu'ils sommeillent souvent, qu'ils aiment à sommeiller. S'ils étaient sans cesse en haleine, leur course serait trop vite faite. Or, au théâtre, il faut que l'auteur, comme l'acteur, ait toujours le diable au corps ; s'il s'assoupit, le spectateur s'endort et la pièce est perdue.

C'est aussi parce qu'ils ont la prétention de mettre sur la scène la vie de tous les jours, dans sa platitude morne, qu'on doute du succès des naturalistes au théâtre. Ils se targuent de mépriser l'action, comme incompatible avec le naturel, et ils vont jusqu'à concéder à leurs adversaires « qu'une histoire quelconque pourvu qu'elle se passe dans un milieu exact » peut intéresser le public. C'est rabaisser l'art dramatique au niveau du roman et c'est aussi méconnaître la vérité. Si le drame prend les allures nonchalantes du roman, s'il s'amuse à des bagatelles, il n'existe plus ; mieux vaut, mille fois, le roman lui-même. Le drame ainsi compris n'est qu'un genre inférieur, on l'a dit et justement ; l'auteur dramatique s'avance, en quelque sorte, par bonds. La nécessité d'aller au but sans détours et de porter l'intérêt à son comble est la difficulté suprême de son art; c'en est aussi, quand il a su s'y soumettre sans gêne apparente, l'incomparable beauté. Le roman peut suivre pas à pas l'existence d'un homme; le drame n'en retrace que les heures solennelles, et il n'est pas moins vrai que le roman. Le caractère se révèle, sans doute, dans les petites choses, mais il n'apparaît tout entier que dans les grandes. C'est là que le poète dramatique le saisit; c'est là seulement que la vérité humaine et la vérité idéale se rencontrent. L'homme s'y montre tel qu'il est, et dans un seul moment; la conduite qu'il tient alors met à nu toute sa vie. Quand j'ai vu Sévère en face de Pauline, on n'a pas besoin de me dire à quel homme j'ai affaire; il est superflu de me raconter son passé, je le devine. Le romancier fouille tous les recoins de son sujet, le poète se place au cœur du sien. Leurs arts sont tout différents. Il n'y a rien de plus beau qu'un drame excellent, c'est le dernier effort de l'esprit humain; en revanche, il n'y a rien de plus misérable et de plus ennuyeux qu'un mauvais drame. Le roman ne monte jamais à cette hauteur, et il ne descend point si bas. Ses personnages sont moins vivants que ceux du drame. Lorsqu'il s'agit de donner des noms au type idéal de la mère, de l'épouse, de l'amante, c'est le drame, et non le roman, qui les fournit. Tout mélange des deux genres est donc une erreur ; le drame y périrait et c'est lui surtout qu'il faut sauver ; le roman se porte assez bien. Il n'est point ici question de conventions, mais de lois. Si l'on veut que le drame ressemble au roman, il est nécessaire de nous donner un peu de cette patience que nos pères apportaient à la représentation des mystères.

Les sujets qui plaisent aux naturalistes ne laissent pas, eux aussi, d'inspirer quelque inquiétude. La vie humaine est un peu comme on veut la prendre ; or ils la prennent toujours du plus vilain côté. Le monde n'est ni tout à fait bon, ni tout à fait mauvais ; la joie et la douleur, le bien et le mal s'y mêlent. Le pessimisme absolu est aussi faux que l'optimisme sans réserve. Les naturalistes, malheureusement, n'ont des yeux que pour voir le mal. Ils ne décrivent de l'amour que ses conséquences funestes, de la maternité que ses douleurs. Ils ont besoin de rapetisser l'homme. On cherchait un loup dans les pastorales de Florian ; on cherche trop souvent, dans leurs livres, un personnage sympathique. Les riches s'y montrent toujours corrompus ou corrupteurs ;

les pauvres y sont ordinairement brutaux et ravalés aux appétits matériels ; ils meurent de faim ou ils font bombance ; ils ont, devant un plat copieux, le frétillement de l'animal devant un râtelier bien rempli. Quant à l'homme moral ils le suppriment ; leur art est, avant tout, matérialiste ; c'est presque dire qu'il ne saurait être populaire.

L'ancien drame était tout autre ; il était surtout optimiste ; il répondait à cet instinct de justice que tout homme porte en lui ; c'est à cette qualité seule qu'il a dû sa longue fortune. S'il décline sur certaines scènes de Paris, il garde encore dans les théâtres de quartier et surtout en province une part de la faveur publique. Qu'il soit à propos de lui substituer autre chose, je le crois. Il avait des défauts énormes ; il était souvent ridicule ; il ne produisait de très médiocres effets qu'à l'aide de moyens extraordinaires ; on en demeure d'accord. Il faut s'y prendre autrement et faire mieux. Il est à propos d'être, à la fois, et plus simple et plus vrai. Les naturalistes le disent et tout le monde est de leur avis. Il convient pourtant de ne pas oublier à qui l'on s'adresse. Le théâtre est une distraction pour le peuple, et c'est une distraction rare. Il vient chercher au spectacle un plaisir. Il ne lui déplaît pas d'y rencontrer des hommes qui parlent mieux que lui et qui s'habillent mieux. Si même ils sont meilleurs, il ne s'en fâchera pas. Il demande au théâtre, lui aussi, un peu d'idéal. Si vous ne lui montrez sur la scène que les gens qu'il coudoie à toute heure, il s'en lassera vite. Un riche oisif, qui n'a vécu que parmi ses égaux, pourra prendre plaisir à entendre, un moment, les hurlements d'un Coupeau ; c'est quelque chose de nouveau pour lui ; mais l'ouvrier honnête qui rencontre, chaque jour, à l'atelier, des émules de Coupeau se soucie peu de les voir au théâtre. Il ne les aime pas, même dans les livres. M. Zola, bien qu'il se serve à tout propos et hors de propos du mot gros et du mot gras, n'écrit pas pour le peuple. Ce sont les demi-lettrés et les médiocres artistes qui ont fait sa réputation. Les délicats ne le lisent qu'à contre-cœur et le peuple ne le goûte pas. Il n'est un grand homme que pour les bourgeois ; le mépris qu'il affiche pour eux ne les rebute point ; ils ont fait, de tout temps, la fortune de ceux qui les ont fustigés ; qu'on se rappelle Eugène Sue. J'avoue, d'ailleurs, que M. Emile Zola les fustige bien ; s'il ne frappe pas toujours juste, il frappe fort.

Le souci de la vérité matérielle et du décor a toujours tourmenté les naturalistes. Je ne m'en plains pas. On me permettra pourtant de faire observer que ce goût « des milieux exactement vrais » n'est pas né d'hier. Lorsque Talma, malgré les protestations de M⁽ˡˡᵉ⁾ Mars, parut sur la scène couvert du manteau romain et des sandales aux pieds, il commença la lutte en faveur de l'exactitude pittoresque. Les romantiques depuis l'ont poursuivie avec acharnement ; aujourd'hui la cause est gagnée. Qu'on représente une comédie au Théâtre-Français ou qu'on joue un drame à la Porte-Saint-Martin, c'est de part et d'autre le même souci du décor. Quel bruit n'a-t-on pas fait naguère pour des vitraux, et de quels assauts d'érudition ne fûmes-nous pas témoins ! On nous affirme que les spectateurs d'aujourd'hui tiennent d'abord à cette exactitude toute matérielle ; j'ai peine à le croire. Quand la pièce est bonne, on n'a guère le temps d'examiner ces détails. M. Zola, il est vrai, ne veut pas contenter seulement les yeux ; il associe les décors à l'action ; il lui paraît habile aussi de conduire un affamé aux Halles, de mettre un homme maigre en face d'un charcutier bien gras, un meurt-de-faim parmi des monceaux de victuailles. Le contraste est, en effet, frappant ; il serait merveilleux s'il s'agissait d'une pantomime. En tout cas, bons ou mauvais, ce sont là des procédés scéniques fort anciens. L'art enfantin des derniers jours du moyen âge en usait déjà. C'est ainsi qu'il peignait « Gourmandise » et « la Diète », « Pauvreté » et « Richesse ». Je ne condamne point cette vérité-là, mais je n'y tiens pas. Les meilleurs poètes dramatiques l'ont dédaignée. Calderon et Shakespeare s'en sont passés comme Corneille et Racine. J'ai vu jouer, en province, bon nombre de nos vieux drames populaires; les décors étaient primitifs et ils étaient faux; le public n'en était pas moins ravi. Il faudra au drame nouveau d'autres mérites que « l'exactitude des milieux et des décors ».

Il est donc permis, à qui juge sans parti pris, de ne pas attendre des naturalistes tout ce qu'ils promettent. La prétention qu'ils ont de renouveler le théâtre n'est pas pour nous déplaire; le théâtre, en effet, attend une rénovation. Mais il ne suffit pas de le faire tout autre, il faut le faire meilleur. A parler net, et malgré mon peu de goût pour ce joli mot, « la formule » de l'avenir n'est pas encore trouvée. Ni M. Daudet, ni M. Zola n'ont mis le pied dans la terre promise. M. Zola fait des essais, il prépare le public à la bonne nouvelle, il a pour précurseur M. Busnach. Ce que M. Zola veut, M. Sarcey, paraît-il, ne le comprend pas; il n'est, malheureusement, pas seul à ne point le comprendre ; il pourrait se faire aussi que M. Zola lui-même ne le sût pas très bien. Il nous promet un théâtre plus naturel, il a horreur de toutes les misérables recettes du drame romantique; tant mieux, nous l'approuvons, car il pense comme nous. Mais qu'il nous montre enfin ce que nous attendons. Va-t-il nous offrir quelques scènes de roman assemblées au hasard? Alors, ce ne serait pas nouveau, car il l'a déjà fait, et M. Daudet le fait, en ce moment, à l'Odéon, avec succès. La réclame, il est vrai, ne nuit point à ce succès-là. La pièce n'est pas très bonne, mais les décors sont jolis ; les robes des actrices sont d'un goût parfait et le salon est très moderne. C'est, du moins, l'avis des journalistes qui hantent le grand monde, et ils s'y connaissent.

Le naturalisme, bien qu'il s'en défende, est un bâtard du romantisme. Les romantiques ont volé sur les sommets ; les naturalistes se sont établis au pied des monts, près des marais. Les uns et les autres ont, au plus haut point, le souci de la description; mais, tandis que V. Hugo et ses disciples aiment avant tout les panaches et les couleurs éclatantes, M. Zola et les siens ont surtout le goût des haillons et du gris. Il n'est pas sûr que ceux-ci soient plus vrais que ceux-là. S'il n'est question que d'exactitude matérielle, certains romantiques ne le cèdent à personne. Théophile Gautier, sans doute, savait voir ; il a même eu le bon sens, et il faut l'en louer, d'aimer à regarder le beau. Il lui est arrivé quelquefois de l'exprimer, et merveilleusement. Les romantiques ont eu, eux aussi, la prétention de réformer la scène. Ils ont fait une révolution au nom du naturel. V. Hugo ne parlait pas moins d'exactitude et de vérité que M. Zola ; il voulait qu'on usât de moyens très simples et d'un langage familier. On sait à quel point il se préoccupait des costumes et des décors. On n'ignore pas non plus le peu d'effet qu'ont eu tant de brillantes promesses. Le drame, tel qu'il l'avait conçu, n'a été fait par personne ; le théoricien lui-même a trahi sa théorie. Entre les prétentions des naturalistes et celles des romantiques la ressemblance est grande. Tout ce que ceux-ci reprochaient aux classiques, ceux-là le reprochent au drame romantique ; et toutes les réformes qu'ils proposent, les romantiques les ont proposées. S'ils ont échoué dans leur tentative, c'est surtout parce qu'ils se sont exclusivement préoccupés de la vérité matérielle. Ils n'ont pas assez compris que l'intérêt au théâtre naît des actes et des paroles, bien plus que des décors et des costumes. Ils ont fait des drames qui ressemblent à des livrets d'opéra ; on a des coups de scène sans raison ; tout y marche au hasard et rien n'y est nécessaire. Les naturalistes feront-ils mieux ? « L'homme physiologique » de M. Zola, cet être « déterminé par le milieu », « agissant sous le jeu de tous ses organes », sera-t-il un sujet plus dramatique que les risibles héros du romantisme ? On en peut douter. D'où naîtra l'intérêt si toute lutte morale est supprimée ? Quand vous m'aurez montré « le milieu », je verrai d'abord où vous irez aboutir. La question de savoir « si Coupeau boira ou ne boira pas », bien que vulgaire, pourrait être intéressante à débattre si Coupeau était un être moral, capable de peser le pour et le contre, si sa conscience entrait en lutte contre sa passion ; mais, puisqu'il n'est rien qu'un automate physiologique, il boira parce que la boisson flatte agréablement son palais et parce qu'elle lui fait éprouver des sensations qu'il aime. Qu'un tel spectacle amuse la foule, cela s'est vu ; mais il serait dangereux de renouveler l'expérience. Le peuple, car il s'agit du drame populaire, se lasserait de ces jolies choses aussi vite que les délicats. « Le pantin métaphysique » que M. Zola méprise si fort est tout autrement dramatique que l'homme nouveau ; et « ces gaillards corrects et faciles qu'on nous a imposés comme génies (1) », et qui ont si bien mis en mouvement ce pantin n'étaient pas de si médiocres ouvriers. Je souhaite au drame populaire qu'il tombe en de telles mains.

La tragédie classique, telle que Corneille et Racine seuls l'ont faite, est certainement bien morte. Les grandes œuvres subsistent, mais le moule où elles ont été jetées est à jamais brisé. Cette tragédie, que les naturalistes n'estiment pas et dont les romantiques ont dit tant de mal, n'était pas chose si méprisable. Elle avait voulu, elle aussi, produire de grands effets avec des moyens très simples et elle y avait réussi. « Toute l'invention, disait Racine, consiste à faire quelque chose de rien, et le grand nombre des incidents a toujours été le refuge des poètes qui ne sentaient dans leur génie ni assez d'abondance ni assez de force pour attacher durant cinq actes leurs spectateurs par une action simple soutenue de la violence des passions, de la beauté des sentiments et de l'élégance de l'expression. » Quand le « pantin psychologique » s'appelait Pauline, ou Agrippine, ou Phèdre, il n'avait pas moins de vie que l'être « physiologique » qu'on nomme

---

(1) M. Zola : *l'Œuvre*.

Gervaise, ou Lantier, ou Coupeau ; il était même plus vrai, et il était surtout plus intéressant, car il était libre de choisir entre le bien et le mal ; et il choisissait en effet. Voilà le « pantin » que je voudrais voir sur une scène populaire. Il porterait d'autres habits ; il s'agiterait « dans un milieu » tout autre ; son langage aussi serait différent, mais il n'en serait pas moins un « pantin psychologique ». Il ne faut pas croire qu'il serait facile de le mettre en mouvement. L'art classique, qui jetait ses personnages au milieu d'une crise, était fort malaisé. Le poète devait tout tirer de lui-même ; il n'était point soutenu par les béquilles commodes sur lesquelles s'appuyait la faiblesse des romantiques. Il n'avait à sa disposition ni fausses clefs, ni trappes, ni armoires, ni échelles de soie. Quand Néron entretenait Narcisse de ses projets, il n'entendait pas « de bruit dans son mur ». L'action n'était pas un conte quelconque, elle était la conséquence logique de la lutte de la conscience et des passions. Il faut que le théâtre populaire choisisse entre deux méthodes : ou il étudiera l'homme moral et il sera simple, ou il peindra l'homme physiologique et il encombrera la scène d'accessoires. S'il prend ce dernier parti, il ne fera que recommencer ce que nous avons déjà vu ; s'il s'arrête au premier, il sera vraiment original. Les sujets ne lui manqueront pas. La haine, l'amour, l'égoïsme, toutes les passions agitent les petits et les grands. Si le peuple tient à voir au théâtre des gens de sa condition, on peut les lui offrir; on peut les faire agir « dans des milieux » qu'il connaisse; on peut, par surcroît, lui montrer de vrais hommes et non pas seulement des hommes physiologiques. Il n'y a pas au monde que des Fuégiens; le peuple ne se reconnaît pas tout entier dans Coupeau, et il a bien raison. Je ne crois pas que le privilège de le divertir au théâtre soit réservé à ceux qui l'ont peint avec des couleurs si sombres. L'avenir n'est pas là.

C'est dans la vie contemporaine que le drame populaire devra de préférence chercher ses sujets; le succès est à ce prix. Il serait désirable pourtant qu'on fît aussi une place au passé. Le Théâtre de Paris pourrait accueillir, de temps en temps, des pièces tirées de l'histoire. L'occasion paraît favorable. Il y a trente ans, la foule, même dans les villes, ignorait à peu près absolument le passé de la France. Ce qu'elle en savait, elle le savait mal, car elle le tenait des romans.

Il en est tout autrement aujourd'hui. La jeunesse et aussi les hommes mûrs, pour la plupart, ont appris les grands noms de notre histoire. Ils auraient plaisir, sans doute, à les entendre répéter sur la scène. Cette tentative, je le sais, a été faite plus d'une fois ; elle a réussi à Voltaire. De Belloy lui a dû des succès que son talent seul n'expliquerait pas. Le *Siège de Calais*, qu'on ne lisait plus même à Calais trente ans après son apparition, avait été reçu avec un enthousiasme extraordinaire. Les romantiques, et Ponsard après eux, n'ont pas négligé cette veine féconde. Dans tous les temps et chez tous les peuples, l'histoire nationale a été la source où les dramaturges ont puisé. La tragédie à son déclin, avec Voltaire et ses disciples, n'offrait pas un cadre assez large pour un tableau d'histoire. Le drame romantique avait trop l'amour du faux et du romanesque. Il s'est complu à travestir indignement la vérité. Au théâtre, on n'a pas souci des révélations de la critique historique ; il faut accepter les personnages tels qu'ils sont admis par l'opinion commune. Les caractères s'imposent. Duguesclin sera un batailleur et non un chevalier mystique. La Jeanne d'Arc de Schiller, éprise d'un Anglais, nous indigne ou nous fait rire. S'il plaît un jour à quelqu'un, quand les passions de ce temps seront mortes avec nous, de mettre sur la scène Napoléon, ce n'est pas d'après M. Taine qu'il faudra le peindre. Cette nécessité de s'assujettir à des caractères est une sauvegarde pour le poète ; elle le défend de la tentation du romanesque. Les classiques le savaient bien, et il serait bon qu'on le rapprît. Quand on emprunte un personnage à la légende ou à l'histoire, on n'est pas libre de le défigurer. Pour le montrer tel qu'il fut, on doit subordonner l'action à son caractère. Ce n'est plus l'imagination seule qui guide le poète, c'est aussi la raison : or au théâtre on aime surtout la raison. Les romantiques l'ont trop oublié et c'est là le secret de leur faiblesse.

Des personnages vrais ne suffisent pas ; il faut de l'intérêt. Si le drame historique n'était qu'un prétexte à costume il serait inutile de lui rendre la vie. Il ne s'agit pas, non plus, de transporter sur la scène quelques tableaux d'histoire ; c'est l'homme d'autrefois avec ses passions et ses mœurs que nous voulons y voir. Il nous plaira par sa ressemblance avec nous, et il nous plaira, aussi, par le contraste. Les décors et les costumes ne seront pas toute la vérité ; ils en seront seulement les auxiliaires ; car rien de ce qui aide à produire l'illusion ne doit être dédaigné. Les poètes auront donc à se préoccuper, avant tout, de l'intérêt. Il naît d'une action forte et vraisemblable, mais le drame historique l'a cherché trop souvent dans la déclamation. On s'imagine que des tirades aussi patriotiques que vaines suffiront à provoquer des applaudissements et l'on néglige le fond solide sur lequel toute œuvre dramatique doit reposer; c'est une des erreurs du drame populaire.

Il en est une autre et non moins redoutable. Elle consiste à faire appel aux passions politiques. Il y a des hommes qui sont déjà loin de nous, et sur lesquels on n'est pas d'accord. Danton est un de ces hommes. Si je choisis celui-là plutôt qu'un autre, c'est qu'il est le héros d'un drame qu'on représentera bientôt. Le héros et l'auteur ne m'effraient pas, mais j'ai peur de la politique au théâtre. La censure, sans doute, est là pour nous en défendre; mais elle nous en défend mal et j'aimerais mieux ne rien devoir qu'à la sagesse des écrivains. La politique a tout envahi; c'est notre misère. Elle est l'ennemie des arts et même de la patrie, car elle use en pure perte le meilleur de nos forces. Le théâtre a été jusqu'ici, contre elle, un asile presque inviolé; si on l'y transporte, elle le ruinera. Or, à cette heure et sur une scène populaire, faire parler Danton, c'est provoquer des sympathies et des colères auxquelles l'art est étranger. La bataille d'*Hernani* n'était qu'un jeu et même fort amusant. Les combats entre lettrés ne sont pas dangereux ; mais l'intolérance populaire ne s'escrime pas avec la plume ; elle frappe au hasard et elle frappe fort. J'en conclus qu'il est à propos de ne pas prendre trop près de nous les personnages du drame historique. Le poète devra chercher ses héros dans un passé déjà lointain. Le succès sera peut-être moins sûr, mais il sera plus durable et l'artiste ne le devra qu'à l'art ; il ne sera point à la portée des manœuvres.

Quel que soit, d'ailleurs, ce drame, qu'il emprunte ses sujets à la vie commune ou qu'il les prenne parfois dans l'histoire, on convient qu'il doit être simple. Cet accord, sur un point capital, a son importance. La simplicité, en effet, ne plaira que si elle est relevée par de hautes qualités. Il ne suffira plus de se jouer autour du cœur. L'observation remplacera le procédé. On se préoccupera plus de dire juste et de dire vrai que de faire « des mots ». Le discrédit dans lequel est tombé le drame romantique et le peu de succès qu'obtiennent les comédies hybrides du boulevard sont à l'honneur du goût public. La raison reprend ses droits. Elle rejette également le faux éclat et les bouffonneries. Malgré mon peu d'estime pour le naturalisme, je reconnais volontiers que la guerre qu'il a faite au romantisme a hâté cette réaction salutaire. Lorsqu'il cherche à s'emparer du théâtre, il sait ce qu'il fait. Si quelqu'un nous donnait ce drame tel que nous le voulons, celui-là serait vite célèbre, et ses succès lui créeraient des imitateurs. Quand le public aurait pris goût au simple et au vrai, le bouffon et le faux cesseraient vite d'être à la mode. Dans tous les genres et sur toutes les scènes on se mettrait en quête d'un art nouveau. Souhaitons donc que le drame populaire ait enfin son poète. Le public l'appelle et il est prêt à le fêter. Les grands écrivains, comme les grands généraux, se révèlent à l'improviste. Hélas ! il arrive aussi trop souvent qu'ils ne viennent pas quand on les attend.

LE DÉPART DE M. COQUELIN [1]

M. Coquelin aîné quitte aujourd'hui la Comédie-Française. Il s'en va, malgré le public; il est même possible qu'il s'en aille malgré lui. Un galant homme se trompe, il reconnaît son erreur; on lui en sait gré et tout est dit. Quand on est, comme M. Coquelin, le personnage dont on a le plus parlé pendant six mois, on se doit à soi-même de persévérer dans son erreur; M. Coquelin n'y manque pas. J'oserai dire que nous n'attendions pas moins de sa fermeté. Nous savions, et de reste, qu'il a bonne opinion de lui-même; c'est un travers commun, chacun y donne selon son caractère; or M. Coquelin a beaucoup de caractère. S'il part, ce n'est pas qu'on ne lui ait fait entendre d'excel-

[1] 1ᵉʳ Décembre 1886.

lents conseils. Raisons, prières, menaces, on a tout employé, et tout a été vain ; il s'en va ! Ce comédien est inflexible comme le Destin. Le mal, après tout, n'est pas irréparable ; si nous perdons beaucoup, il perd plus encore. Il ne retrouvera nulle part ce qu'il abandonne. Voilà ce que je voudrais dire, et je voudrais aussi ne pas faire un pas sans m'appuyer sur des preuves.

Je ne crois pas que M. Coquelin emporte avec lui la fortune de la Comédie-Française. Elle en a vu partir bien d'autres, depuis quinze ans, et d'aussi forts, et elle n'en est pas moins le premier théâtre du monde. MM. Régnier et Bressant l'ont quittée ; M. Delaunay la quitte ; elle a perdu Mmes Sarah Bernhardt, Favart, Arnould-Plessy et Madeleine Brohan. Tous étaient des comédiens accomplis. Régnier, le maître de M. Coquelin, n'était pas moins parfait que son disciple dans les valets du répertoire ; il avait un talent plus souple et il l'a prouvé. Il excellait dans certains rôles du théâtre contemporain ; personne ne saisissait mieux que lui les caractères retors et il ne savait pas seulement faire rire : qu'on se rappelle Julien de *Gabrielle*, Dumont du *Supplice d'une femme* et Noël de la *Joie fait peur*. Bressant a attaché son nom à toute une famille de personnages, et nul encore ne l'a fait oublier. Il est inutile de rappeler ce qu'a été Delaunay, et dans un emploi d'une incroyable difficulté. Les mêmes éloges sont dus à Mme Favart si accomplie dans certains rôles de jeunes filles, à Mme Arnould-Plessy, cette incomparable Célimène, et à Mme Madeleine Brohan dont un critique disait, après la première représentation du *Monde où l'on s'ennuie*, qu'elle « était toute la Comédie-Française ». Acteurs et actrices avaient rendu les services qu'ils pouvaient rendre. Ils se retiraient parce qu'il est sage de savoir sortir à temps. Je ne dis rien de Mme Sarah Bernhardt. Son départ n'a été qu'une équipée, entre tant d'autres. Il est convenu qu'elle a tous les droits. Elle traite le public et la critique à peu près comme ses camarades. Elle a raison puisqu'on lui passe tout. Je ne m'explique guère le bruit qu'on fait à chaque aventure nouvelle; ce qui m'étonne c'est qu'on s'en étonne. Il se peut que cet exemple séduise M. Coquelin; il n'en est pas moins dangereux. Je ne vois pas bien ce que Mme Sarah Bernhardt a gagné à quitter la Comédie-Française et je crois deviner tout ce qu'y perdra son imitateur.

M. Coquelin a eu de nobles ambitions; il s'est irrité d'entendre dire qu'il ne serait jamais, au théâtre, qu'un valet; il a tenté plus et mieux, et il est pourtant resté ce qu'il était. On ne gagne rien à forcer son talent et l'on n'est pas libre de se façonner un visage à son gré. Ses triomphes incontestables, c'est dans le répertoire classique qu'il les a tous obtenus ; encore n'est-il jamais meilleur que dans les petits rôles : Loyal de *Tartuffe*, Dorante des *Fâcheux*, Lubin de *Georges Dandin*. Il n'est que juste d'ajouter qu'il a su être, tour à tour, et en perfection, Gros-René, Mascarille et Scapin. Dans d'autres rôles importants, maître Jacques, Trissotin, par exemple, il n'a pas, si l'on en croit de bons juges, la fantaisie de Got ; il ne l'égale pas non plus dans l'Intimé. Il faut dire aussi que ces rôles ne sont pas les plus difficiles du répertoire. Il n'est rien de commode au théâtre, je le sais bien ; et il est honorable d'être le premier, même dans un emploi secondaire. On accordera peut-être qu'il est plus malaisé et partant plus glorieux de traduire sur la scène et d'y mettre en plein relief, Arnolphe, Harpagnon, Alceste ou Tartuffe. C'est l'œuvre d'un art plus compliqué et plus savant.

On me permettra de faire observer encore que M. Coquelin a pris tous ses rôles de ses prédécesseurs, les Samson, les Monrose, les Régnier. Il joue très bien Crispin ; mais il n'égale pas, dans les pièces de Marivaux, la finesse de Régnier. Ici d'ailleurs, encore, il a des modèles ; son nom n'est attaché à aucune résurrection. Il n'a tiré de l'oubli aucun rôle dans aucune pièce. On ne voit pas qu'il ait suivi les exemples que lui ont donnés Samson, dans Bernadille de *la Femme juge et partie*, Got dans *l'Illusion comique* et Delaunay dans *la Métromanie*. C'est par de telles tentatives qu'un acteur prouve son originalité et sa force. Il marche sans guide; il n'a pour se soutenir ni les conseils de l'auteur ni la tradition; il ne s'inspire que de son goût; c'est par là qu'il est vraiment supérieur. Cette supériorité manque à M. Coquelin.

Si nous passons au répertoire moderne, M. Coquelin, dans tous les rôles où il succède à Régnier, nous semble inférieur à son maître. Il ne l'égale pas, même dans les personnages comiques, que ce soit Balandard d'*Une chaîne*, Dubouloy des *Demoiselles de Saint-Cyr*, ou même Annibal de *l'Aventurière*. Il en est de même dans *Oscar ou le mari qui trompe sa femme*, dans *les Deux ménages*, et dans *le Mari à la campagne*. Partout où il sort de cet emploi de valet qu'il tient à merveille, il ne mérite pas d'être mis à côté de Régnier. Je ne parle pas des personnages touchants, la comparaison serait trop cruelle pour lui. Il a beau prendre l'air d'autrui, nous nous rappelons Gros-René, Mascarille et Figaro; c'est ainsi que nous aimons M. Coquelin. Il est né pour nous amuser, et son lot, sans doute, n'est pas le plus mauvais; mais lui, non plus, ne connaît pas son bonheur.

Il nous avait fait rire, il a rêvé de nous faire pleurer. C'est là sa chimère et sa faiblesse secrète. Je ne la lui reproche pas ; un artiste a le droit de tenter toutes les voies ; je constate seulement que le succès ne lui a pas souri. Rappelez-vous la plupart des créations de cet excellent acteur comique et vous verrez de quel désir il est obsédé. Il est vrai, aussi, que cet homme avisé préparait de loin l'avenir. Il songeait déjà à son exode, et il savait que pour courir l'Amérique ou la France un valet de comédie, fût-il d'ailleurs excellent et c'est le cas, serait un personnage insuffisant. Il fallait être plus, sinon mieux. Or, depuis Philippe de *la Volonté* jusqu'à Chamillac, en passant par *les Rantzau* où il était fatigant, et par *Jean Dacier* où il ne valait guère mieux, il n'a été qu'un acteur de second ordre. C'est à peine s'il faut faire deux ou trois exceptions, et elles sont sans importance, car il s'agit de personnages de convention et non point de caractères; je veux parler de Gringoire et de Filippo du *Luthier de Crémone*. Ces tentatives sont honorables; elles ne suffisent pas à fonder la réputation d'un acteur. Si M. Coquelin, en effet, est un grand comédien, ce n'est pas à de tels succès qu'il le doit. Je sais qu'il a joué d'autres rôles encore, mais même dans les meilleurs il a été discuté. On ne cite pas une pièce médiocre qu'il ait fait vivre. Quand un autre acteur a pris sa place, le public n'a point déserté. Supprimez M. Got dans *le Duc Job*, il n'y a plus de pièce. Jamais M. Coquelin n'a obtenu pareil honneur ou n'a rendu tel service.

Il n'a excellé que dans un seul emploi, le valet. Cet emploi est important dans le répertoire classique, c'est vrai ; mais il a toujours été bien tenu. Les grands premiers rôles, les amoureux, les tragédiennes, les grandes coquettes ont quelquefois manqué à la Comédie-Française ; en revanche, elle a eu de tout temps un ou plusieurs valets excellents. M. Coquelin apportait dans ce rôle toutes les qualités qu'on y peut souhaiter. Il n'avait, à vrai dire, qu'à suivre une tradition non interrompue, mais il la suivait dignement. Il ajoutait à ses qualités naturelles tout ce que le travail peut donner. Ce n'est pas un esprit primesautier ; il est laborieux et il n'obtient rien qu'au prix de longs efforts. Lui-même l'a reconnu avec une modestie qu'il n'a, peut-être, pas tous les jours. La chose vaut qu'on la rapporte. Certains aveux méritent d'être retenus ; ils nous livrent un homme en toute vérité. Sur un album, au-dessous de cette vanterie de Mascarille : « Tout ce que je fais me vient naturellement, c'est sans étude », M. Coquelin a ajouté avec candeur : « Ce n'est pas comme à moi. » — On n'est pas plus franc. Voilà, pourtant, une confession que Frédérick-Lemaître n'eût jamais faite. Ce qui me surprend, c'est qu'on soit un si bon juge de soi-même et qu'on quitte la Comédie-Française.

M. Coquelin ne retrouvera jamais ce qu'il perd. Il lâche, à son tour, la proie pour l'ombre et il court après l'inconnu. Sa place est à la Comédie-Française ; il ne peut être lui-même que là. L'exubérance est le défaut de son talent ; son goût n'est pas sûr ; il a besoin d'être contenu. Ce que les salons étaient, autrefois, pour les jeunes gens, le Théâtre-Français l'est aujourd'hui pour les acteurs. C'est là seulement qu'ils apprennent à modérer leurs gestes et leur voix. La distinction y est à la mode ; on comprend que le sans-gêne moderne n'y serait pas à sa place. Pour ces raisons et pour bien d'autres, cette scène est une excellente école. Plus les comédiens s'y sentent d'abord mal à l'aise, plus ils doivent s'efforcer d'y rester. Personne n'a plus d'obligations envers la Comédie-Française que M. Coquelin ; elle l'a fait ce qu'il est. Elle lui a fourni son admirable répertoire ; elle lui a légué ses traditions. Il a trouvé là d'illustres modèles. Régnier, d'abord, l'a corrigé de ses défauts les plus choquants; ses camarades et le public ont fait le reste. Il se croit assez fort, aujourd'hui, pour se passer de tout le monde, et il part. Au fond, c'est à lui-même qu'il fait la guerre. Lui aussi, sans le savoir, il aspire à descendre. Il veut les applaudissements pour lui seul; il les aura; il ne veut pas de rivaux autour de lui ; il n'en verra point. Plus habile, il comprendrait que la pire chose, pour un artiste, quel qu'il soit, c'est de n'avoir pas d'égaux. Tout talent s'affaiblit dès qu'il ne sent plus l'aiguillon de l'émulation. Quand on ne redoute plus de rival, on ne fait plus d'efforts et l'on donne libre carrière à ses défauts. Loin de la Comédie-Française, M. Coquelin redeviendra ce qu'il était d'abord ; il sera exubérant et pétulant.

L'Amérique l'attire ; c'est le pays des grands triomphes, on y marche de fête en fête et l'on en revient les mains pleines d'or. Les vrais artistes dédaignent ces succès faciles parce qu'ils sont funestes au talent, et ils ont raison. Ces troupes d'acteurs qui courent le monde ne sont pas des meilleures; elles ne valent que par un sujet ou deux. Elles ressemblent à celles qui font leur tour de France. J'en ai vu plusieurs, aucune ne m'a plu. Je ne sais rien de plus triste pour un acteur de mérite que de donner la réplique à des gens qu'on devrait cacher dans le trou du souffleur. Il m'est arrivé d'entendre, dans une ville du Midi, une tragédienne fort renommée; elle avait autour d'elle d'indignes cabotins. Ils jouaient des scènes d'*Athalie* et ne savaient pas même leurs tirades; leurs gestes, leurs intonations, tout était faux. Représentez-vous Joad avec la tenue, l'allure et la voix d'un habitué des boulevards extérieurs. Le public était navré; c'était un spectacle écœurant. L'artiste elle-même en était diminuée. A l'Odéon elle m'avait paru tout autre. Voilà le sort qui attend, plus ou moins, tout comédien qui s'exile des grandes scènes de Paris. Il perd, en province, la moitié de ses moyens, et il se gâte. Lorsqu'on a l'honneur d'appartenir à un théâtre où l'on peut donner la réplique à MM. Got et Mounet-Sully, on y reste et l'on ne fait pas de voyage sur l'Ohio.

Personne, d'ailleurs, n'est moins fait que M. Coquelin pour ce métier d'acteur ambulant. Les rôles qu'il joue, j'entends ceux qu'il joue bien, ne remplissent pas toute une pièce. L'Amérique et la province se soucient, sans doute, assez peu de notre ancien répertoire; ce qu'elles veulent ce sont des œuvres nouvelles. Or quelles œuvres M. Coquelin leur offrira-t-il? On dit bien qu'on fera des pièces pour lui; mais on ne sait pas ce qu'elles vaudront. Il convient de ne pas oublier qu'on n'a point affaire à l'un de ces comédiens qui se prêtent à tout. Celui-ci n'a qu'une note sonore; ôtez-la lui, il ne lui reste plus rien. C'est bien vainement qu'on allègue les succès de Sarah Bernhardt. Il s'agit là d'un talent tout autre, et bien plus souple. Elle sait être, tour à tour, et avec un égal succès, Phèdre, Andromaque, Zaïre, l'Étrangère et la fille de Roland, Froufrou et Adrienne Lecouvreur. Elle peut soutenir seule toute une pièce; avec quelle vaillance, on l'a vu dans *Théodora*. Ses aventures, à défaut de son mérite, expliqueraient la curiosité des foules à son passage. Le nom de M. Coquelin n'a volé ni si haut, ni si loin. Sa fortune sera moindre et durera peu.

Malgré tout, je ne le vois point s'éloigner sans quelque ennui; c'est une part de notre gaieté qui s'en va. Si je regrette l'acteur, je ne regrette pas du tout le membre du comité de lecture. M. Coquelin s'est trop souvent souvenu qu'il n'était que le valet dans la maison de Molière; il y a introduit des gens qu'il fallait laisser à la porte. L'artiste était bon, le juge ne valait rien. Ce comédien, qui a joué des chefs-d'œuvre en perfection, pendant plus de vingt ans, n'a jamais su où finit la bonne plaisanterie. Il a voulu proscrire la tragédie et il s'est vanté d'être « le père » du monologue. Il n'avait pas le sens du grand art! Il n'a jamais distingué la Comédie-Française du Vaudeville. Son influence a été fâcheuse ; elle serait devenue funeste avec le temps. Le goût du grand n'est pas notre défaut ; ce n'est point par là que nous périrons. Il faut qu'une scène, au moins, soit interdite à nos médiocres ouvriers dramatiques; M. Coquelin a tenté de la leur ouvrir ; il y a réussi quelquefois, je ne l'en félicite pas.

Plaignons M. Coquelin; « il avait pour lui les vents et les étoiles, il pouvait doucement laisser couler ses jours » et le voici qui livre sa tête à tous les orages. M. Sarcey, son meilleur ami, car nul ne lui a donné tant et de si bons conseils, lui peignait de l'avenir un tableau dont l'idée seule aurait dû le faire pleurer de tendresse. Il le voyait, après le départ successif de ses aînés les Got et les Delaunay, passer « le doyen » de la Comédie-Française. Il eût alors ouvert la voie à ses jeunes émules, et sage comme Nestor et comme lui vénéré, il eût employé ses loisirs à raconter le passé et à préparer l'avenir. Il ne l'a pas voulu, l'ingrat! Il part. Nous le reverrons, croyez-le bien. Quelque jour, il viendra mélancoliquement s'asseoir sur un fauteuil d'orchestre à la Comédie-Française. Il entendra les applaudissements qu'on prodiguera à son successeur. Ce ne sera plus pour lui que sonnera la trompette de la Renommée; elle jettera d'autres noms aux quatre vents du ciel. De sa gloire, rien ne vivra plus, qu'un souvenir. Il est vrai qu'il lui restera la ressource de débiter des monologues. Hélas! on fait ce qu'on peut.

FIN

TABLE DES MATIÈRES

La Critique nouvelle	1
Victor Hugo et M. Renan	21
Un nouveau critique de l'*École des femmes*	41
La poésie au théâtre	57
Le Monologue	80
Le Théâtre en liberté	105
M. Leconte de Lisle, poète dramatique	122
Un critique d'autrefois	142
M. Halévy à l'Académie	167
L'Abbesse de Jouarre	179
Lettre des Champs-Elysées	203
Le Drame populaire et le naturalisme	211
Le Départ de M. Coquelin	231

IMPRIMERIE ÉMILE COLIN, A SAINT-GERMAIN

www.ingramcontent.com/pod-product-compliance
Lightning Source LLC
Chambersburg PA
CBHW060129190426
43200CB00038B/1897